SIMONA ARTANIDI

GALATEO DEL BUSINESS

Come Creare un'Immagine Professionale

di Successo e Stile nelle Relazioni d'Affari

Titolo

"GALATEO DEL BUSINESS"

Autore

Simona Artanidi

Editore

Bruno Editore

Sito internet

http://www.brunoeditore.it

Sommario

Introduzione

L'educazione non costa nulla e compra tutto.

(Mary Wortley Montagu)

Il Galateo del Business o *Business Etiquette* è uno strumento che tutti dovrebbero conoscere per costruire efficaci relazioni professionali. Sempre più in grado di generare valore aggiunto, l'etichetta applicata al mondo degli affari è oggi uno strumento indispensabile per gestire efficacemente la propria immagine professionale. Determinante per far fronte alle situazioni di crisi, ma anche per affrontare al meglio i rapporti quotidiani con colleghi e collaboratori, oltre che per far fruttare al massimo gli incontri di lavoro, il Galateo del Business è oggi un patrimonio di fondamentale importanza per chiunque voglia investire nella propria crescita professionale. All'estero è una materia molto diffusa e richiesta: le proposte formative per i manager offerte dalle scuole e dagli esperti di etichetta sono di estrema qualità. In più quasi tutte le università americane organizzano master di specializzazione in Business Etiquette per i propri studenti. In Italia molti professionisti si stanno avvicinando a questo strumento straordinario, desiderosi di imparare nuovi metodi per gestire al meglio il proprio network di relazioni.

Ma che cosa è esattamente la Business Etiquette? Si tratta di un insieme di regole di comportamento, perlopiù logiche, in grado di massimizzare il potenziale professionale e umano. Imparare le buone maniere, utilizzare una comunicazione efficace e avere una buona immagine professionale, sono elementi che fanno la differenza in qualsiasi attività e che possono realmente accrescere il tuo valore sul mercato.

Sono ormai diversi anni che tengo seminari di “etichetta” applicata al business in Italia e all’estero. Mi dedico con autentica passione alla formazione in aula e online per aiutare i professionisti a sviluppare il proprio potenziale e a dare il meglio di sé, dentro e fuori. La trasformazione dall’apparire all’essere è qualcosa che mi appaga profondamente perché un professionista realmente preparato, educato e attento alle esigenze altrui crea più valore sul mercato.

Il Galateo del Business ti aiuterà a costruire rapporti professionali gratificanti, duraturi, di sicuro successo e ti farà letteralmente "brillare" sul tuo mercato di riferimento. Il percorso per diventare un "diamante" dal taglio perfetto è semplice ma non facile. Ci vuole coraggio, determinazione e bisogna sapersi mettere in gioco. All'inizio occorre investire tempo, risorse ed energia ma con un po' di pratica chiunque può raggiungere risultati straordinari. A volte impensabili.

Con la Business Etiquette il tuo valore sul mercato salirà alle stelle. Tutti ti cercheranno, tutti vorranno fare affari con te. Anzi, sarai addirittura tu a scegliere con chi lavorare. Imparare il Galateo del Business è l'ideale per qualsiasi professione ma per alcune rappresenta un vantaggio estremamente competitivo: penso per esempio a chi è a capo di un'azienda, penso al venditore, a chi fa network marketing, a chi si occupa di pubbliche relazioni, a chi ha contatti con il pubblico, a chi è a capo di un team sportivo, a chi riceve in albergo, al direttore del personale, a chi organizza eventi, a chi deve gestire la clientela o più in generale a chi vuole migliorare la propria professionalità.

Le persone di successo sono carismatiche, sorridenti, sanno perfettamente quando intervenire in un discorso, sanno come muoversi e gestire le interruzioni. Non vorresti essere come loro? In ufficio, in reparto, nei corridoi del luogo di lavoro: ovunque tu sia, devi assolutamente imparare a muoverti, parlare e relazionarti con gli altri con stile e savoir-faire. Per questo è importante conoscere e approfondire l'arte di essere la persona giusta, nel posto giusto e al momento giusto. In poche parole professionisti impeccabili, carismatici, indimenticabili.

La Business Etiquette è materia vastissima e non è stato facile scegliere per te gli argomenti giusti da affrontare insieme. In questo corso di base, pratico e coinvolgente, imparerai tante cose utili. Troverai consigli, test ed esercizi che ti aiuteranno a raggiungere un certo livello di eccellenza. I temi che ho scelto per questo corso sono: la prima impressione, saluti e presentazioni, l'immagine professionale, il pranzo d'affari, il nuovo Galateo del Business. È un percorso pensato e rivolto a chi sceglie di avere stile e successo nelle relazioni d'affari. Al tuo successo!

Simona Artanidi

CAPITOLO 1:
Come conquistare gli altri al primo impatto

Occorrono vent'anni per costruire una reputazione e cinque minuti per distruggerla. Tieni a mente questa cosa e agisci di conseguenza.

(Warren Buffett)

Durante i miei seminari dedico molto tempo alla prima impressione. Cerco di far comprendere quanto sia importante presentarsi nella maniera giusta ad ogni appuntamento di lavoro. Il primo impatto è determinante, fondamentale, incancellabile. Prima di iniziare il corso ci sono alcune cose che devi conoscere. Innanzitutto è giusto che tu sappia che la vera responsabile della prima impressione è l'amigdala, ossia l'area cerebrale coinvolta nelle relazioni sociali.

È dimostrato, infatti, che in soli **cinque secondi** il nostro cervello categorizza le persone dandone un giudizio, sulla base degli elementi evidenti quali occhiali, capelli, mani e abbigliamento. Questa operazione è del tutto automatica e inevitabile: la prima impressione è come una fotografia che rimane in maniera indelebile nella nostra memoria. Se nei primi **cinque secondi** hai la capacità di fare una buona impressione sugli altri, avrai ottime probabilità di successo. Attraverso questo corso imparerai che ci sono semplici regole da seguire che ti aiuteranno a conquistare gli altri al primo impatto.

Ricorda: hai solo 5 secondi!

Che cosa conta nella prima impressione?

Quando conosciamo una persona, il nostro cervello reagisce alle sollecitazioni sensoriali elaborandole in maniera rapidissima. In seguito le restituisce permettendoci di "inquadrare" la persona che abbiamo di fronte. Il cervello nei primissimi secondi prende in considerazione tre tipi di immagini:

1) immagine visiva: il nostro aspetto esteriore;
2) immagine vocale: il nostro modo di parlare e il tono della voce;
3) immagine verbale: le parole, i discorsi che rivelano le nostre competenze.

La prima impressione è quindi regolata dalle 3V (visiva, vocale, verbale): memorizzale. E in che percentuale? Recenti studi hanno dimostrato che il 55% del giudizio nel primo impatto ricade sull'immagine visiva/esteriore (abbigliamento, accessori, capelli ecc.), il 35% sulla voce e solamente il 10% sul contenuto dei nostri discorsi. La tua immagine professionale, in pratica, è più importante delle tue parole! Durante il corso affronteremo in dettaglio tutti questi aspetti. Quali sono gli elementi chiave per una buona prima impressione?

- puntualità;
- cura di sé;
- sorriso;

- contatto visivo;
- voice factor;
- cellulare sotto controllo;
- biglietto da visita.

Esercizio: test prima impressione

Sei pronto a giocarti al meglio i primi **cinque secondi**? Analizza la tua immagine professionale semplicemente rispondendo alle seguenti domande:

1) Come mi presento di solito a un nuovo incontro di lavoro?
2) Cosa noto in una persona al primo incontro?
3) Cosa mi piacerebbe notare in una persona al primo incontro?
4) Quali elementi mi colpiscono in maniera positiva in una persona al primo incontro?
5) Cosa vorrei pensassero di me le persone dopo il primo incontro?
6) Qual è la prima cosa che devo migliorare?
7) Come si presentano le persone che lavorano con me?

Scrivi su un foglio le risposte inserendo la data. Dopo aver seguito questo corso e aver messo in pratica i miei consigli per almeno un mese, prova a rispondere nuovamente alle domande. Noti delle differenze? Ripeti questo esercizio per almeno sei mesi a distanza di un mese dall'altro. Tieni una sorta di diario e confronta le risposte.

Puntualità!

Gli appuntamenti di lavoro vanno preparati con scrupolo, cura e attenzione, soprattutto quando si tratta dell'incontro con un nuovo contatto. Innanzitutto è opportuno creare un buon terreno e il primo elemento sul quale devi iniziare a lavorare è l'importanza della puntualità. Se arrivi in ritardo all'appuntamento, potresti fare innervosire il potenziale cliente prima ancora di incontrarlo. Che opinione avrebbe poi di te? E che conseguenze ci sarebbero?

Parti dal presupposto che negli affari il tempo è denaro. Quanti soldi potresti perdere se arrivi in ritardo? Le persone di successo hanno un'ottima gestione del tempo. La puntualità deve essere intesa sia sul ritardo sia sull'anticipo. Evita di presentarti un'ora prima perché potresti apparire come una persona poco organizzata. L'anticipo consentito è di tre/cinque minuti al massimo. Se sei in ritardo per un imprevisto (anche solo di cinque minuti) avvisa telefonicamente (no sms) la persona o la segreteria. Il mio consiglio è di arrivare un po' prima all'appuntamento per evitare di essere trafelati e nervosi, cercando di sfruttare al meglio i minuti di attesa (vedi consigli qui sotto). Sei sempre in ritardo? I clienti ti ricordano solo per questo? Se per te la gestione del tempo rappresenta un problema, sforzati e allenati con grande disciplina per arrivare in perfetto orario a tutti gli appuntamenti. Questo per almeno un mese, ogni giorno. Dopo andrà meglio, è solo una questione di abitudine. Ricorda che devi essere *sempre* puntuale e impeccabile.

Qualche consiglio per sfruttare al meglio i minuti di attesa

Se arrivi in anticipo all'appuntamento, attendi in macchina oppure entra in un bar. Non è consentito, infatti, soggiornare per lungo tempo nella sala d'attesa del cliente. Sfrutta questi minuti per:

- riorganizzarti mentalmente su quello che devi dire;
- telefonare alle persone che potrebbero aver bisogno di te durante l'appuntamento;
- controllare e sistemare l'agenda;
- darti una sistemata (make-up per le donne e cravatta per gli uomini).

SEGRETO n. 1: cerca di essere sempre puntuale. Vietato farsi attendere senza avvisare o arrivare con largo anticipo. Sono regole fondamentali per una buona prima impressione.

Avere cura di sé

Essere in perfetto ordine, curare l'igiene personale e migliorare i dettagli: sono fattori cruciali nelle relazioni d'affari. Il tuo obiettivo è essere sempre impeccabile. Presentati in azienda con capelli puliti, mani curate, occhiali da vista senza ditate nelle lenti o peggio sporchi, abbigliamento e scarpe perfettamente in ordine.

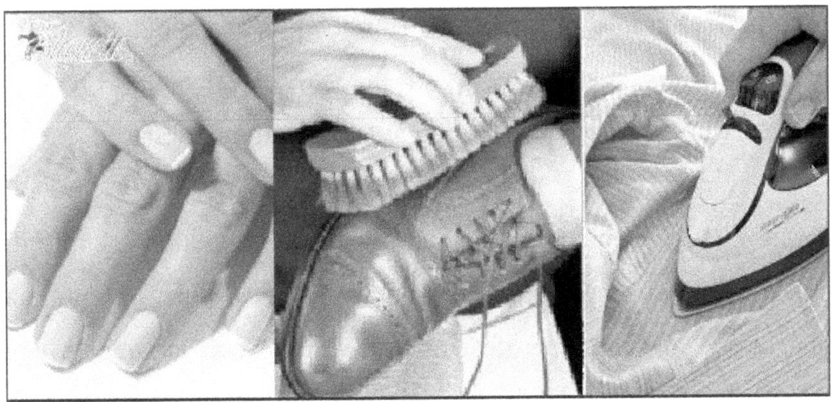

Chi possiede buon gusto ha sicuramente una marcia in più nella prima impressione. Buon gusto è sinonimo di personalità. E le persone di successo hanno tutte una spiccata personalità, non trovi?

Etichetta = Essere in ordine = Curare i dettagli sul lavoro

Esercizio: occhio alle scarpe!

Per capire al primo sguardo che tipo di persona abbiamo davanti e se esistono i presupposti per una futura relazione d'affari ti consiglio di utilizzare questo piccolo trucco. L'ho imparato in Inghilterra durante un training e posso dire che funziona molto bene. Gli inglesi sono dei veri maestri di etichetta. Lo stile anglosassone, infatti, è molto elegante e curato nei dettagli.

Circumnaviga velocemente con lo sguardo l'aspetto generale di una persona che non conosci. Diamo già per scontato che abbia una buona immagine professionale. Osserva con attenzione (mi raccomando con savoir-faire!) le scarpe di questa persona. Spesso è un particolare che non si nota perché troppo decentrato rispetto all'area visiva volto/mezzo busto e quindi si nasconde alla vista.

Che cosa noti? Come sono? Se le scarpe hanno un aspetto trascurato, significa che la persona non dedica sufficiente tempo ai dettagli (elemento fondamentale di chi ha successo negli affari). Nella prima impressione questi dettagli fanno davvero la differenza. Massima attenzione alle calzature altrui ma anche e soprattutto alle tue! Non ti sto dicendo di indossare tutti i giorni scarpe appena comprate (un nuovo paio per ogni appuntamento sarebbe troppo costoso), ma è importante che siano sempre pulite e tirate a lucido. E se sei in affari con Londra… questa regola vale ancora di più. *God Save the Business Etiquette*!

SEGRETO n. 2: presentati sempre in maniera impeccabile. Che non vuol dire indossare un abito firmato da migliaia di euro oppure esibire uno smartphone di ultimissima generazione. Significa essere in perfetto ordine.

Sorridere!

Il sorriso è il più straordinario ed economico strumento di successo che abbiamo a disposizione. Un atteggiamento positivo e sorridente, avendo l'accortezza di non esagerare (sorridere non significa ridere), ci permette di uscire al meglio in qualsiasi situazione. Un sorriso mette a proprio agio la persona che si ha di fronte, predisponendola nei nostri confronti. In più comunica sicurezza, positività, ed è un elemento di distinzione nella prima impressione perché oggi sempre meno persone si presentano agli appuntamenti sorridendo. E quella piccola virgola all'insù ai lati della bocca piace a tutti. Sorridere richiede un po' di pratica, altrimenti si rischia di apparire un po' forzati e questo si nota subito. Il sorriso per essere naturale deve nascere da un buono stato d'animo. Sorridere con il cuore funziona sempre, provare per credere.

Etichetta = Sorriso = Successo

Esercizio: camminata con sorriso

Durante un giorno libero o una pausa di lavoro concedi a te stesso un giro a piedi senza meta fissa. Mentre cammini prova a rilassarti approfittando di questo momento tutto tuo. Preparati a sfoderare un sorriso. Pensa e agisci come se dovessi offrirlo in dono a tutte le persone che incontri. Sorridi con le labbra ma anche con gli occhi, focalizzando l'attenzione sul desiderio di regalare questa espressione a chiunque. Cerca di notare le espressioni della gente, se e come ti osservano, qual è il loro atteggiamento ecc. Non trovi sia contagioso? Ti viene voglia di creare un'epidemia di sorrisi? Sei sulla buona strada. Continua nella pratica esercitandoti spesso.

SEGRETO n. 3: ad ogni appuntamento di lavoro ricorda di indossare un bel sorriso! È il miglior strumento che ci sia per attirare consensi nel mondo degli affari.

Stabilire un contatto visivo

Un altro elemento molto importante nella prima impressione è riuscire a stabilire un contatto visivo con gli interlocutori. Quali sono i vantaggi di guardare negli occhi una persona appena conosciuta?

- fa aumentare la fiducia nei tuoi confronti;
- è sinonimo di sicurezza;
- denota un buon livello di gestione delle relazioni;
- trasmette rispetto per la persona.

Cerca di mantenere il contatto visivo il più a lungo possibile anche nel caso ci siano elementi di distrazione (per esempio un'ampia scollatura, il quadro d'autore dietro le spalle dell'interlocutore, un'anomalia fisica, la cravatta con i personaggi di Walt Disney). Ricordati di tenere ben aperte e alzate le sopracciglia: per la comunicazione non verbale è un segnale universale di approvazione.

Esercizio: allenare il contatto visivo

Se hai difficoltà a guardare negli occhi le persone, fai un po' di pratica con questo semplice esercizio: focalizza la tua attenzione sugli occhi di chiunque incontri. Descrivine il colore e la forma.

SEGRETO n. 4: per aumentare il potere nelle relazioni d'affari e dare subito una buona impressione di te, stabilisci un contatto visivo con gli interlocutori.

Voice factor

Anche la voce è importante nelle relazioni d'affari. Ti ricordo che il tono e la qualità vocale sono in percentuale al secondo posto nell'elaborazione della prima impressione. Le caratteristiche che possiamo esaminare nella voce sono:

- il tono;
- la chiarezza;

- la velocità;
- il volume;
- la vitalità.

L'immagine vocale è un fattore da tenere in massima considerazione. Per lavoro eseguo molti colloqui di selezione. Ricordo di aver scartato persone con un ottimo curriculum solamente perché dotate di una voce poco armoniosa. Il voice factor è un fattore da tenere in considerazione nel mondo del lavoro perché può spostare i fatturati. Nel settore del telemarketing, per esempio, ci sono operatori che chiudono trattative complesse semplicemente perché sanno fare un buon uso della voce.

Anche per chi opera nella pubblicità radiofonica la voce è un elemento determinante perché può far scattare l'acquisto di un bene/servizio (fattore di seduzione vocale e/o chiarezza vocale). Nel mondo del lavoro un'immagine vocale anonima, troppo squillante o peggio "da oca" o da "Paperino", non permette di raggiungere grandi risultati.

Consigli per l'uomo: abbassa il tono! Molti uomini hanno il vizio di parlare a voce alta e questo è molto maleducato. Se hai questo difetto e se qualcuno te l'ha già fatto notare, frequenta un corso di dizione per armonizzare e migliorare la tua immagine vocale.

Consigli per la donna: parla più forte! Di solito la donna tende a conversare a voce bassa, creando gravi difficoltà di ascolto e comprensione negli interlocutori. Per rendere autorevole la presenza e catturare l'attenzione degli altri ti consiglio quindi di alzare il volume della voce.

Esercizio: voice power

Chiedi a una persona di fiducia di registrarti durante una conversazione. Poi ascolta e analizza la tua voce e trascrivi i punti di forza e quelli di debolezza. Fai diventare i punti di debolezza quelli di forza attraverso la pratica. Se invece preferisci esercitarti da solo puoi scaricare sul tuo smartphone l'applicazione gratuita Dragon Dictation. Si tratta di un software di riconoscimento vocale, dove tu parli e lui scrive esattamente ciò che sente. È utilissimo per calibrare il tono della voce, imparare a scandire bene le parole e migliorare la propria immagine vocale.

SEGRETO n. 5: presta massima attenzione al tono della voce. Se vuoi conquistare gli altri al primo impatto, devi fare molta pratica per migliorare la tua immagine vocale.

Cellulare sotto controllo!

Driiin!! Driiiinnn! Che cosa fai quando il tuo telefono suona durante l'importantissimo appuntamento con il nuovo cliente? Il cellulare è diventato uno strumento di comunicazione indispensabile, ma se non impari a gestirlo può trasformarsi in una bomba a orologeria. Spesso noto che ci sono persone che non solo dimenticano di spegnerlo durante i meeting, le riunioni ecc., ma che addirittura rispondono! Questo è un errore assolutamente da correggere se non altro per semplice educazione.

Avere un buon controllo sulle interruzioni telefoniche è sinonimo di buona organizzazione e rispetto. Metto il cellulare al primo posto nella classifica degli errori che possono boicottare la prima impressione. Ci sono persone che vivono in simbiosi con il proprio telefono. Bisogna imparare a controllarsi. Tutta la nostra attenzione, infatti, va dedicata all'interlocutore perché questo ci porterà molti vantaggi nella futura relazione professionale.

Durante un appuntamento di lavoro l'unico suono (sperando che non sia un rumore) concesso è quello della voce! E se per distrazione (a volte capita!) ti sei dimenticato di spegnere il telefono utilizza l'arma segreta: un bel sorriso. Chiedi scusa e mi raccomando non rispondere!

SEGRETO n. 6: spegni o metti in funzione *vibra-call* il cellulare. Non c'è niente di più irritante di una telefonata che arriva nel momento sbagliato.

Il biglietto da visita

Per il Galateo è buona norma scambiarsi i biglietti da visita subito dopo le presentazioni. Anche questa azione ci aiuta nella prima impressione. Non aspettare che sia l'altra persona a fare il gesto, prendi tu l'iniziativa. In più considero questo fatto molto utile e pratico: le persone di solito fanno fatica a memorizzare un nome nuovo e in questo modo diamo la possibilità di poter ricordare subito nomi, titoli, azienda ecc. e di averli sempre sott'occhio sul biglietto. Per la prima impressione è utile ripetere spesso il nome della persona che abbiamo di fronte. Tutti amano ascoltare il suono del proprio nome.«Dottor Bianchi, che ne pensa di questo prodotto? La richiamo venerdì per firmare il contratto, Dottor Bianchi?»

SEGRETO n. 7: tieni a portata di mano il biglietto da visita e scambialo con il tuo interlocutore subito dopo le presentazioni. Avrai sempre sott'occhio il nome della persona appena conosciuta.

Massima professionalità e competenza!

Siamo giunti alla fine di questo capitolo. Vorrei aggiungere che gli elementi alla base della prima impressione sono la professionalità e la competenza del manager. Cerca quindi ad ogni costo di diventare il numero uno nel tuo settore: studia, preparati e aggiornati costantemente, in modo da poter offrire risposte chiare ed esaustive ad ogni domanda e trovare sempre soluzioni pronte ai tuoi nuovi contatti! Le persone preparate hanno un grande carisma, quindi impegnati a raggiungere livelli di professionalità eccellenti.

Infine…la regola d'oro!

Quando devi incontrare un nuovo contatto presso un'azienda, sii gentile con tutto il personale e con le persone che incontri. Ringrazia le segretarie, saluta i dipendenti che passano, sorridi. Così facendo sarai in grado di generare tanta energia positiva e tutte le persone avranno una buona impressione di te. Se il tuo nuovo contatto ha una segretaria, cerca di stabilire sin da subito un buon rapporto con lei. Molti capi d'azienda, infatti, chiedono al proprio personale un consiglio e un parere sui nuovi clienti/fornitori/collaboratori che arrivano in azienda.

RIEPILOGO DEL CAPITOLO 1:

- SEGRETO n. 1: Cerca di essere sempre puntuale. Vietato farsi attendere senza avvisare o arrivare con largo anticipo. Sono regole fondamentali per una buona prima impressione.
- SEGRETO n. 2: Presentati sempre in maniera impeccabile. Che non vuol dire indossare un abito firmato da migliaia di euro oppure esibire lo smartphone di ultimissima generazione. Significa essere in perfetto ordine.
- SEGRETO n. 3: Ad ogni appuntamento di lavoro ricorda di indossare un bel sorriso! È il miglior strumento che ci sia per attirare consensi nel mondo degli affari.
- SEGRETO n. 4: Per aumentare il potere nelle relazioni d'affari e dare subito una buona impressione di te, stabilisci un contatto visivo con gli interlocutori.
- SEGRETO n. 5: Presta la massima attenzione al tono della voce. Se vuoi conquistare gli altri al primo impatto, devi fare molta pratica per migliorare la tua immagine vocale.
- SEGRETO n. 6: Spegni o metti in funzione *vibra-call* il cellulare. Non c'è niente di più irritante di una telefonata che arriva nel momento sbagliato.
- SEGRETO n. 7: Tieni sempre a portata di mano il biglietto da

visita e scambialo con il tuo interlocutore subito dopo le presentazioni. Avrai sempre sott'occhio il nome della persona appena conosciuta.

CAPITOLO 2:
Come gestire al meglio saluti e presentazioni

Incontrarsi è un inizio; conversare è un progresso; lavorare insieme è un successo.

(Henry Ford)

L'appuntamento di lavoro inizia sempre dai saluti e dalle presentazioni. Si tratta di una serie di convenevoli in cui due o più persone iniziano a scambiarsi "informazioni" per capire se ci sono i presupposti per costruire una futura relazione di affari. Saluti e presentazioni rappresentano un'arma sociale potentissima e devi quindi saperli gestire al meglio. Il successo o l'insuccesso delle tue relazioni professionali dipendono proprio dal modo in cui tu riesci a sfruttare questo momento. Devi essere sicuro, presente e cordiale allo stesso tempo come i grandi *capitani d'industria* che sanno sempre come fare e cosa dire quando incontrano nuove persone e soprattutto sono bravi a riconoscere sin da subito i soggetti giusti per i loro affari. Anche tu puoi diventare come loro o migliorare quello che sai fare già con un po' di pratica e determinazione. Sono tanti gli esempi pubblici che ci confermano l'importanza di questo momento: avrai notato che i politici e i capi di stato si comportano in maniera impeccabile nel momento dei saluti e delle presentazioni perché un semplice errore può mettere in discussione l'immagine della nazione e dell'intero popolo che rappresentano. Ne sa qualcosa Michelle Obama che in un recente incontro con la regina d'Inghilterra, nel momento dei saluti la abbraccia e la stringe affettuosamente, ignorando il rigido cerimoniale che pone il divieto assoluto di toccare Sua Maestà.

L'obiettivo dei saluti e delle presentazioni è di raccogliere informazioni per valutare se esiste un terreno comune per portare avanti una conversazione utile per la nostra attività. Partendo da un giusto modo di presentarci ci assicuriamo il primo gradino verso una relazione di successo.

Presentazioni → Conversazione → Relazione d'affari → Contratto

Sono tante, però, le persone che mostrano difficoltà in questo momento così importante. Ti è mai capitato di provare sensazioni di disagio e imbarazzo? O di andare in tilt e non ricordarti nemmeno come ti chiami? Se le tue risposte sono affermative, con un po' di pratica e seguendo alcuni miei consigli, sarai in grado di rafforzare le tue capacità relazionali evitando l'imbarazzo di certe situazioni. Sono certa che ti sentirai gradualmente sempre più sicuro guadagnando grande considerazione e questo aumenterà il tuo potere nelle relazioni di lavoro. I saluti e le presentazioni possono diventare per te un momento magico grazie al Galateo del Business.

Partiamo! Se domani avessi un appuntamento con la persona più importante del tuo settore professionale, sapresti come presentarti? E come stringerle la mano? Le conversazioni da utilizzare? Le risposte alle domande le trovi in questo capitolo. Analizzeremo e affronteremo insieme i seguenti argomenti:

- la stretta di mano;
- i dieci comandamenti del Galateo del Business;
- la tecnica di memorizzazione dei nomi;
- il "chi presenta chi";

- l'importanza dei titoli e delle qualifiche professionali;
- l'arte del complimento.

È utile ricordare che il momento della presentazione avviene solitamente nei primi fatidici cinque secondi che possono compromettere la prima impressione. Ci vuole quindi un buon controllo delle proprie azioni che si raggiunge seguendo i miei consigli e mettendoli subito in pratica. Ti esorto quindi a esercitarti il più possibile, magari chiedendo inizialmente la collaborazione di amici e parenti. Sbaglia e riprova fino a quando non ti senti sicuro e sciolto. Non smettere mai di migliorarti!

La stretta di mano

Le persone di successo si percepiscono subito da questo piccolo ma importante gesto. La stretta di mano è un saluto fisico che accompagna l'inizio di una conversazione ed è il preludio di una futura relazione d'affari. In più è un gesto universalmente conosciuto nel mondo del lavoro quindi bisogna sapere come e quando utilizzarlo per non fare gaffe.

Qual è la corretta stretta di mano? E qual è il momento più giusto? Avere una stretta di mano salda e amichevole è importante perché ci può rendere indimenticabili. Lo dimostra uno studio condotto dall'Università dell'Illinois a Chicago e recentemente pubblicato sulla rivista *Journal of Cognitive Neuroscience*. La ricerca ci conferma che stringere la mano in un dato modo influenza sin da subito il nostro interlocutore, lasciando in lui un buon ricordo che aiuta a essere considerati come persone serie e affidabili.

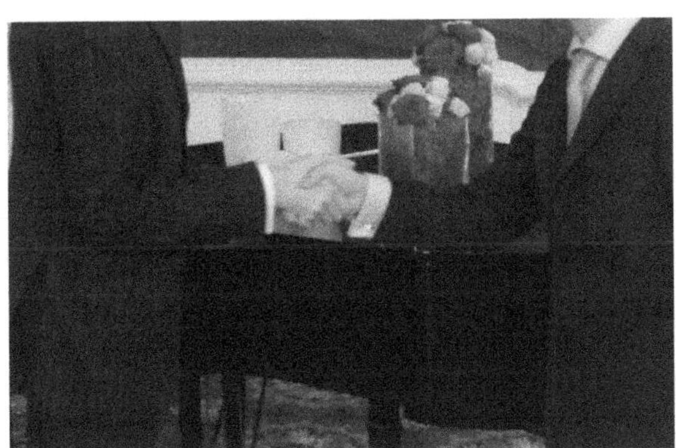

Qual è la corretta stretta di mano?

- la mano deve essere ferma ma non rigida;
- la mano deve essere perfettamente asciutta e non umida;

- la presa deve durare al massimo tre secondi;
- la stretta deve essere energica ma non violenta;
- non importa far oscillare tante volte la mano, ne basta una;
- ricordati di fissare negli occhi l'interlocutore (contatto visivo);
- accompagnala stretta di mano con le seguenti frasi:«Buongiorno/Buonasera», «Come va?» oppure pronuncia semplicemente il tuo nome e cognome:«Mario Bianchi».
- assolutamente vietato dire:«Piacere!»

Quando devi utilizzare la stretta di mano?

- con persone che incontri per la prima volta;
- con persone, esclusi i colleghi, che entrano nel tuo ufficio/luogo di lavoro;
- con conoscenti che incontri fuori dal luogo di lavoro;
- al termine di un incontro/evento di lavoro prima dei saluti;
- alla conclusione di un affare.

E quando non devi usarla?

Il buon senso ci dice di evitarla quando l'altra persona ha le mani occupate, oppure nel caso possieda un livello professionale molto più alto del nostro. Si rischia, infatti, di apparire troppo invadenti.

Nel dubbio ti consiglio di usare sempre il buon senso. La stretta di mano, come detto, è un gesto universalmente conosciuto e accettato. Tuttavia in alcuni paesi ci possono essere delle eccezioni che è importante conoscere, soprattutto se lavori con l'estero. Ti consiglio di consultare una guida di Business Etiquette internazionale per adeguarti ai costumi del luogo.

Esercizio: stringi la mano e ti dirò chi sei

La stretta di mano è una forma non-verbale di comunicazione che con un po' di attenzione e spirito di osservazione può rivelarci molto della persona appena conosciuta, uomo o donna che sia. Ogni volta che stringi la mano per un saluto o una presentazione cerca di decifrare la sensazione che ti arriva:

- se la persona stringe troppo la mano, significa che cerca il dominio nelle relazioni. È tipica del manipolatore;
- se la stretta invece è debole e fiacca manifesta insicurezza, timidezza oppure disinteresse;
- se invece la mano appare goffa e impacciata può significare che la persona non conosce bene le regole di relazione nel mondo degli affari.

SEGRETO n. 8: nelle presentazioni poni molta attenzione e dai il giusto valore alla stretta di mano perché può rappresentare la firma di un futuro contratto.

I dieci comandamenti del Galateo del Business

Non vi è dubbio che se migliori costantemente il tuo modo di essere, avrai molte più occasioni di essere presentato o di presentarti nel tuo settore. Ci sono elementi come la timidezza, la scarsa stima di sé o la pigrizia, che possono farci perdere energia in momenti importanti. Bisogna quindi affrontare questi limiti lavorando sui dieci obiettivi o comandamenti della Business Etiquette che ti servono per diventare il professionista che tutti desidereranno conoscere:

1) sii gentile e diplomatico;
2) sii professionale;
3) sii elegante;
4) prendi l'iniziativa;
5) osserva;
6) ascolta;
7) sorridi;
8) aiuta;

9) non dire parolacce;
10) rispetta.

Esercizio: migliora l'empatia

Ti è mai capitato di partecipare a qualche evento/meeting di lavoro e di notare persone sole e un po' smarrite che non sanno con chi parlare? Di solito come ti comporti? Eviti il contatto oppure no? Anche se sei timido o poco intraprendente non stare con le mani in mano e non fingere indifferenza ma offri un aiuto. Se non ti viene naturale sforzati un po'. Buone maniere significano anche empatia. Ricorda che il professionista di successo è affabile, disponibile, attento agli altri.

Presentati con nome e cognome, professione o ruolo. «Buongiorno, sono Paolo Rossi, redattore di *News Magazine*, come sta?» A questo punto la persona si troverà meno smarrita e con ogni probabilità ti parlerà di sé e della sua professione. Se si crea un terreno comune e questa persona può esserti utile per la tua attività, continua la conversazione; in caso contrario presentala ad altre persone che già conosci.

SEGRETO n. 9: impara il modo giusto di presentarti in ogni situazione. Impegnati a diventare il professionista che tutti desiderano conoscere nel tuo settore lavorativo.

La tecnica di memorizzazione dei nomi

Il modo migliore per ottenere un'ottima impressione nelle presentazioni è inserire il nome della persona appena conosciuta nelle prime parole della frase utilizzata per salutare e/o ringraziare. Spesso capita di dimenticare i nomi delle nuove conoscenze e ciò crea evidenti cadute di stile e grandi forme d'imbarazzo. Per uscire indenni da questa problematica si può utilizzare una tecnica formidabile:

- ripeti subito mentalmente per diverse volte il cognome della persona appena conosciuta;
- utilizza il cognome nella conversazione;
- possibilmente presenta questa persona a un'altra che già conosci, così avrai modo di memorizzare meglio;
- se hai a disposizione carta e penna appunta subito il nome della persona che hai appena conosciuto.

Esempi:

1) Finalmente riusciamo a incontrarci di persona, dottor Rossi!
2) Professor Bianchi, la ringrazio di avermi fissato subito l'appuntamento.
3) Lieto di conoscerla, signora Verdi. Posso presentarle il nostro responsabile acquisti?

SEGRETO n. 10: memorizza immediatamente il nome della persona appena conosciuta. Ti sarà utile durante la conversazione. Alle persone piace sentire il suono del proprio nome.

Il "chi presenta chi"

1) Come fare "gli onori di casa" durante un meeting di lavoro?
2) Come destreggiarsi al meglio nella giungla delle presentazioni?
3) Bisogna farsi avanti o aspettare che gli altri ci porgano la mano?
4) Chi bisogna presentare per primo?

Il Galateo del Business ci offre alcune regole per aiutarci a essere più sicuri, regole che dovrai ben memorizzare e poi praticare. È una sorta di codice di comportamento paragonabile a quello stradale con precedenze e divieti. È severamente vietato sbagliare o far confusione. Spesso capita, per esempio, che le persone invitate a un meeting aziendale non si conoscano. In questo caso ti consiglio di prepararti bene per riuscire a presentarti nel migliore dei modi. In più dovrai sapere come introdurre i partecipanti che conosci alle altre persone. Se ti assumi la responsabilità di queste azioni, non vi è dubbio che aumenterai il tuo potere nelle relazioni. Un atteggiamento passivo, aspettando che gli altri facciano la prima mossa, porta a scarsi risultati nelle relazioni pubbliche.

1) Che cosa bisogna fare?
2) Come ci si deve comportare nel momento delle presentazioni?
3) E soprattutto l'eterno dilemma: chi presenta chi?

Per non sbagliare studia queste semplici regole:

1) **Nel mondo degli affari donne e uomini, anziani e giovani nelle presentazioni sono considerati allo stesso livello**. Mentre nella vita sociale l'uomo è presentato alla donna

(«Maria, posso presentarti Carlo?») o la persona giovane a quella anziana («Nonno, posso presentarti la mia amica Giulia?»), nel mondo degli affari questa regola cambia perché genere ed età non danno precedenza nelle introduzioni.

2) **Presenta la persona più qualificata a quella meno qualificata**. La persona che possiede il maggior livello professionale o autorità deve essere presentata a quella di livello inferiore. La regola è sempre questa: la persona più importante è presentata a quella di ruolo inferiore. È utile ricordarsi di aggiungere al nome e cognome, il ruolo o la qualifica (esempi:«Dottor Rossi, ho il piacere di presentarle Marco Bianchi, il nostro nuovo distributore per il Veneto. Il dottor Carlo Rossi ha fondato la Società nel 1993 e ora ricopre la carica di presidente». Ricorda la facile regola: «XL (sta per *extralarge* = persona importante) le presento S (sta per *small* = persona meno importante)».
3) **Non dilungarti troppo nelle presentazioni**. Lascia che la conversazione tra le persone appena presentate vada avanti anche senza di te. Fai il minimo indispensabile. Passa a un'altra presentazione.
4) **Memorizza bene i nomi delle persone**. L'abilità nel ricordare

nomi e qualifiche è caratteristica rara nel mondo degli affari. Se riuscirai a essere perfetto in questo, riceverai stima e rispetto incondizionati. Per migliorare basta lavorarci sopra. Studia e memorizza i nominativi prima dell'incontro, per esempio. Il segreto sta sempre in una buona preparazione. Nella malaugurata ipotesi che ti dimentichi un nome, non farne un dramma e tieni i nervi ben saldi! Puoi, infatti, trasformare una gaffe in un'esperienza positiva. Racconta semplicemente la verità confessando con un sorriso che al momento ti sfugge il nome. Quando affiorano i problemi, la cosa importante è imparare a gestirli al meglio. Con *nonchalance* ammetti l'errore, recupera e vai avanti.

SEGRETO n. 11: impara perfettamente il "chi presenta chi". Il Galateo del Business prevede alcune regole per gestire nella maniera giusta il momento dei saluti e delle presentazioni.

L'importanza dei titoli e delle qualifiche professionali

Le persone di successo sono di norma molto occupate, perciò hanno bisogno che si arrivi subito al dunque nelle presentazioni. Abituati quindi a essere molto sintetico e a non spenderti in chiacchiere inutili. E spiega subito la tua qualifica professionale. I discorsi brevi catturano interesse e attenzione e alla gente piace sapere con chi sta parlando. Ciò consentirà alle nuove conoscenze di valutare se ci sono i presupposti e l'interesse per una futura relazione lavorativa. Esempio: «Professor Bianchi, le presento il dottor Rossi, medico ortopedico che opera a livello internazionale». Queste informazioni sono la chiave che apre (o chiude) le porte della conversazione. Abbi cura di non esagerare con i titoli per fare colpo. Rischierai di apparire ridicolo, presuntuoso o ruffiano.

SEGRETO n. 12: durante le presentazioni utilizza titoli e qualifiche professionali per accelerare la conoscenza reciproca.

L'arte del complimento

Gli elogi sinceri possono aiutarti moltissimo nelle relazioni lavorative. Hanno il potere di far stare meglio le persone e aggiungono energia positiva nelle conversazioni. In più possono servire per superare brillantemente gaffe o insicurezze. A chi non fa piacere ricevere un complimento? Subito dopo le presentazioni, impara a complimentarti con gli altri. Esempio: «Sono onorato di fare la sua conoscenza, il suo discorso è stato davvero entusiasmante!» Se non sei abituato o ti dimentichi di elogiare gli altri ti insegno un trucco per ricordarti di farlo tutti i giorni. Al mattino prima di uscire metti cinque monetine in una tasca. Ogni volta che fai un complimento a qualcuno, passa una moneta nell'altra tasca. Alla fine della giornata tutte le monete devono trovarsi nella seconda tasca. In questo modo ti garantirai sempre un atteggiamento positivo nei confronti degli altri, migliorando le tue capacità di relazione.

Il mio consiglio finale per i saluti e le presentazioni

Mi sono accorta che molte, anzi troppe persone passano velocemente al "tu", anche durante le presentazioni o subito nella prima conversazione. Questa epidemia purtroppo sta dilagando e non solo nelle nuove generazioni. Ma questo vento di informalità spesso può dare fastidio. In azienda la maggior parte delle persone trova irritante questo tipo di atteggiamento. Più si cresce di livello e si frequentano determinati ambienti lavorativi e più il "tu" diventa scomodo. Non commettere questo grave errore. Sul lavoro il "tu" è concesso solo tra colleghi o se la persona più importante lo concede a quella di livello inferiore.

RIEPILOGO DEL CAPITOLO 2:

- SEGRETO n. 8: Nelle presentazioni poni molta attenzione e dai il giusto valore alla stretta di mano perché può rappresentare la firma di un futuro contratto.
- SEGRETO n. 9: Impara il modo giusto di presentarti in ogni situazione. Impegnati a diventare il professionista che tutti desiderano conoscere nel tuo settore lavorativo.
- SEGRETO n. 10: Memorizza immediatamente il nome della persona appena conosciuta. Ti sarà utile durante la conversazione. Alle persone piace sentire il suono del proprio nome.
- SEGRETO n. 11: Impara perfettamente il "chi presenta chi". Il Galateo del Business prevede alcune regole per gestire nella maniera giusta il momento dei saluti e delle presentazioni.
- SEGRETO n. 12: Durante le presentazioni utilizza titoli e qualifiche professionali per accelerare la conoscenza reciproca.

CAPITOLO 3:
Come creare una giusta immagine professionale

Un aspetto garbato e piacevole è una perenne lettera di raccomandazione.

(Francis Bacon)

L'immagine professionale è quell'insieme di elementi che determinano un tipo di comunicazione non verbale molto importante nel mondo del lavoro. In pratica, scegliendo come apparire si decide cosa comunicare agli altri. «Ogni uniforme manda un messaggio» ha scritto il *New York Times* a proposito dell'uscita in felpa a Wall Street del fondatore di Facebook Mark Zuckerberg.

A mio parere il professionista di successo sa come adattare la propria immagine alle circostanze, pur mantenendo uno stile proprio. In questa sezione del corso affronteremo tutti gli aspetti dell'immagine professionale, in modo che tu possa riflettere sulle cose da migliorare per poi apportare dei piccoli cambiamenti. Chi sceglie di essere in ordine, semplice ma raffinato e possibilmente chic (che non vuol dire investire tutto lo stipendio nel proprio guardaroba) ha moltissimi vantaggi nelle relazioni di lavoro. Il *Business Style* va costruito con intelligenza e in funzione del tuo modo di essere per non apparire finto o impacciato.

Nel corso degli anni ho seguito tanti professionisti alle prese con il desiderio di migliorare la propria immagine professionale e molti di loro, sviluppando questa capacità, hanno riscontrato immediati benefici. Il nostro aspetto nel business è un fattore determinante: è più facile infatti chiudere un contratto con una persona in ordine, ben vestita, che sa come muoversi ed è sorridente, piuttosto che il contrario. Non trovi? Tutti ci possono riuscire se lo desiderano veramente, basta solo seguire alcuni consigli e metterli come sempre in pratica.

Esiste anche un aspetto culturale: un look curato contiene, infatti, storie e tradizioni che alle persone di buon livello piace riconoscere. La camicia, per esempio, è uno degli indumenti più antichi nella storia dell'abbigliamento e accompagna l'uomo da ben dodici secoli. Oggi rappresenta il capo più importante del guardaroba business e a tal proposito ti consiglio di leggere qualche libro per documentarti su filati, tessuti, tipi di collo ecc. Informati sempre su ciò che indossi.

L'immagine professionale è determinata da quattro elementi egualmente importanti:

- igiene personale;
- abbigliamento;
- accessori;
- segnali del corpo.

Curare attentamente questi elementi significa portare in equilibrio perfetto la tua presenza favorendo relazioni, stile, successo.

Igiene personale

Vestirsi di tutto punto ma presentarsi con i capelli in disordine (o peggio sporchi) e magari arrivare sudati e trafelati all'appuntamento di lavoro, sono errori imperdonabili che possono far crollare la tua immagine in un secondo.

Scarsa igiene = Scarso successo

Inizia a riflettere e rispondi alle seguenti domande:

1) Mi curo abbastanza?
2) Sono sempre presentabile?
3) Curo il mio alito?

In seguito prova a rivolgerle a qualcuno con il quale sei in confidenza e con il quale hai un rapporto di fiducia, per sapere cosa pensa sinceramente di te.

Per il Galateo del Business le cadute di stile che bisogna assolutamente evitare sono: capelli unti, pelle poco curata e impura, rasatura non di giornata, forfora, eccessiva sudorazione, mani in disordine, alito pesante, assenza di depilazione (donne). Per prevenire queste problematiche ogni mattina fai un check-up davanti allo specchio e controlla anche che l'abito non abbia delle macchie e che la camicia sia ben stirata. Bastano cinque minuti e non di più per un veloce controllo del proprio aspetto.

Sono contraria alla perfezione assoluta, quella da modello della pubblicità, per intenderci. Qualche piccolo difetto può, anzi, rassicurare i tuoi interlocutori. Tieni conto che più ti alzi di livello e più la tua cura personale deve essere adeguata per evitare cadute di stile o rimproveri da parte dei superiori. Ti faccio un esempio. Un famoso e capace imprenditore italiano, ora a capo di un impero economico, ha un'autentica ossessione per l'alito. Consiglia mentine a tutti i collaboratori perché, secondo lui, l'alito cattivo è una mancanza di rispetto nei confronti del prossimo e un fattore negativo nelle relazioni di lavoro. Quindi evita di mangiare a pranzo cibi a rischio come cipolla o aglio, se subito dopo hai un appuntamento importante. E armati di mentine!

SEGRETO n. 13: alla base dell'immagine professionale c'è sempre un'accurata igiene personale quotidiana. Scarsa igiene equivale a scarso successo.

Abbigliamento

La scelta del Business Style equivale all'invio di un preciso messaggio. Prima di decidere gli abiti da indossare, formula la seguente domanda: «Che cosa voglio comunicare oggi ai miei colleghi/clienti/datore di lavoro?» Scegliere l'abbigliamento e gli accessori in maniera casuale, senza una precisa logica, significa emettere al ricevente un messaggio di confusione. E per essere vincenti nel business non solo dobbiamo essere sicuri nelle scelte ma anche creare uno stile personale, che rispecchi in pieno la nostra personalità. Se ti alzi la mattina e la tua frase d'abitudine è:«Oggi che cosa mi metto?» posso fare qualcosa per aiutarti. **La prima regola** è pensare all'incontro di lavoro (focalizzarsi sulla situazione) e quindi decidere cosa si vuole comunicare. Ricorda sempre che, attraverso la tua immagine professionale, mandi un messaggio. Ti consiglio di preparare gli abiti la sera prima per evitare di perdere tempo e innervosirti la mattina durante i preparativi. Una buona organizzazione è fondamentale.

La seconda regola è che bisogna puntare sulla qualità senza però dover spendere grandi cifre. Ti consiglio di acquistare solo abiti di buona fattura, magari in tessuti *interseason* (per tutte le stagioni). Esistono capi made in Italy (li trovi anche negli outlet) realizzati da piccole aziende artigianali, molto eleganti e di qualità che costano un terzo rispetto a quelli firmati. Evita il completo a poco prezzo realizzato in Cina e tutto ciò che fa moda (perché dura una stagione). Per quanto riguarda gli accessori, è molto importante che siano di qualità: con una bella penna, la borsa di pelle, l'orologio d'acciaio, l'agenda organizer, farai sempre una notevole figura.

La terza regola è che bisogna investire un po' sull'abbigliamento, considerato che l'aspetto esteriore nella prima impressione conta in percentuale per il 55 per cento. Paradossalmente solo le persone molto ricche possono permettersi di investire pochi soldi negli abiti. Conosco manager che indossano lo stesso vestito tutti i giorni. E queste persone si chiedono perché non hanno successo negli affari. Il risparmio sull'abbigliamento non è una buona scelta. La mia ricetta per un Business Style adatto a qualsiasi circostanza è:

Capi di buona qualità + Accessori chiave + Tocco personale

SEGRETO n. 14: avere un abbigliamento adeguato per ogni circostanza non vuol dire investire tutto lo stipendio nell'ultimo completo firmato.

Abbigliamento

I colori di base

La scelta dei colori nell'abbigliamento vale sia per gli uomini sia per le donne. Sono regole di partenza: poi in base al tuo modo di essere si possono fare delle correzioni. L'importante è non abbinare camicie in stile hawaiano con un completo gessato!

Colori consigliati per gli abiti:

- nero;
- grigio in varie tonalità;
- blu scuro;
- cammello.

Colori consigliati per le camicie:

- bianco;
- tutti i toni dell'azzurro.

Una nota sui colori: fai molta attenzione alla scelta cromatica del tuo guardaroba. Il colore è uno strumento di comunicazione molto potente perché influenza la percezione dei nostri interlocutori e comunica significati. I colori freddi, come il nero, il grigio, il blu ecc., sono in grado di rilassare mentre quelli caldi, come il rosso, il giallo ecc., stimolano la psiche. È stato dimostrato per esempio che il colore rosso ha un effetto eccitante sul sistema nervoso, essendo in grado di aumentare la frequenza cardiaca e respiratoria. Il blu invece ha un effetto rilassante e capace di mettere a proprio agio l'osservatore. Se non vuoi sbagliare, scegli il nero perché è il colore dei piani alti, dei manager, del board aziendale. I colori hanno anche una base socio-culturale da tenere in massima considerazione, soprattutto quando si sviluppano business che si basano su relazioni internazionali. I colori, infatti, possono trasmettere diversi significati nei vari paesi del mondo: il rosso, per esempio, in Sudafrica rappresenta il lutto. Il verde è il colore della religione nel mondo islamico. In Cina, Giappone e India il bianco è il colore della morte e del lutto; stessa simbologia per il giallo in Egitto. Come sempre ti consiglio di documentarti per evitare scelte cromatiche non appropriate.

Le regole di base

L'eleganza non è determinata dai vestiti che indossiamo. Confidiamo nel Galateo che va sempre alla ricerca dell'appropriato e che ci dice che dobbiamo sapere scegliere l'abito in base alle circostanze. Esempio: un vestito da sera, troppo elegante e ricercato, indossato al mattino alle otto per la riunione di routine con i colleghi può risultare addirittura imbarazzante. La regola base per la Business Etiquette è: scegliere capi che non attirino troppa attenzione e che ben si adattino alle varie occasioni formali e informali.

Puoi puntare su capi jolly come un abito polifunzionale, cioè adatto a varie occasioni, in tessuto morbido e confortevole che permetterà di farti sentire sempre a tuo agio in ogni circostanza. L'abito troppo formale, cupo e rigido, con camicia inamidata è ormai superato. Oggi la vita frenetica, fatta di giornate interminabili passate fuori di casa, ci consiglia un abbigliamento elegante ma comodo.

Il Business Style è in continua evoluzione. Negli anni '80 ci fu un radicale cambiamento nello stile del manager, quando sbarcò in Italia dall'America il *Friday wear* (il vestito aziendale easy-casual del venerdì). Numerose aziende italiane hanno adottato questa regola, concedendo ai dipendenti un vestito aziendale più "comodo" nel giorno che precede il week-end. Comodo non vuol dire però presentarsi in ufficio con una tuta da ginnastica. Il *Friday wear* è, infatti, un abbigliamento più libero e disinvolto ma comunque raffinato: pantaloni di taglio classico, pullover e camicia per gli uomini; twin-set e gonna o pantaloni (anche jeans) per le donne. Il *Friday wear* è tuttora praticato in molte aziende italiane, quindi tienilo in considerazione nella scelta del tuo look.

La *new economy* sta portando un forte vento di cambiamento nei look aziendali. La Apple Computer per esempio ha optato per un *dress code* decisamente informale: i dipendenti sono infatti liberi di vestirsi come vogliono. Qui in Italia però è ancora molto radicato lo stile formale, soprattutto in certi ambienti. Per evitare di presentarti in gessato all'appuntamento con il nuovo cliente che lavora nell'azienda tutta "felpa e jeans", ti consiglio di informarti o di fare un sopralluogo qualche giorno prima nel bar aziendale.

Se sei alle prese con un nuovo impiego, tieni conto che la maggior parte delle aziende ha un proprio *dress code* e cioè una serie di regole di abbigliamento da seguire all'interno del luogo di lavoro. Queste regole a volte sono comunicate verbalmente, altre no. In questo caso cerca di osservare i dirigenti e per non sbagliare o apparire inadeguato segui inizialmente il loro stile. Aggiungi poi qualche piccolo dettaglio che faccia emergere la tua personalità ma senza dare mai troppo nell'occhio.

Lo stile giusto: esempi di look

Il vestito aziendale per antonomasia è "giacca-pantalone-cravatta" per lui e tailleur per lei. È indicato per professioni in uffici pubblici, banche, assicurazioni, studi legali e amministrativi, network marketing, aziende commerciali e più in generale tutte le professioni che hanno un contatto diretto con il pubblico. In questa sezione del corso analizzeremo nel dettaglio lo stile maschile e femminile con alcuni esempi di look.

Per Lui

Il guardaroba del manager comprende:

- abito scuro;
- camicia bianca e camicia azzurra tinta unita oppure a righe (mai però con il completo gessato) o a quadrettini tipo Oxford;
- cravatta tinta unita o con piccoli disegni;
- calzini lunghi e neri;
- scarpe scure (nere o marroni) e cintura abbinata.

Per le occasioni più informali o il Friday wear:

- pullover in lana o cashmere in colori classici;
- polo;
- camicia indossata con pullover senza maniche in cashmere;
- pantaloni di taglio classico;
- jeans di buona fattura;
- mocassini o polacchine con cintura coordinata.

Esempi di look maschile.

Per Lei

- completo giacca-gonna/pantalone nei colori cammello, grigio o tortora (per il giorno);
- tailleur nero giacca, gonna o pantalone (per gli eventi di rappresentanza);
- camicia bianca o avorio in cotone o seta;
- foulard di seta;
- scarpe con tacco max 7 cm.;
- cintura coordinata alle scarpe;
- collant velato 10 denari;
- gioielli senza esagerare. La regola è: pochi ma “buoni”.

Per le occasioni più informali o il Friday wear:

- twin-set in cashmere;
- cardigan stile Chanel;
- camicia Oxford;
- pantaloni tipo jeans nei colori classici;
- pashmina in cashmere;
- scarpe con tacco basso o stivali in pelle.

Esempi di look femminile.

Che cosa significa avere personalità?

Tutto quello che fa di un uomo quello che realmente è (e non l'esatta immagine di qualcun altro) si chiama personalità. È la somma totale delle qualità interiori e del carattere ma include anche il modo di vestire, il modo di comportarsi e l'immagine esteriore. Le persone che possiedono una forte personalità sono vere, uniche e non assomigliano a nessun altro. Se sei a corto di idee e ti ritieni un po' scarso in termini di personalità, ti consiglio di puntare sugli accessori e sui dettagli. Creati un marchio di fabbrica, ossia un elemento distintivo da ripetere ogni giorno. L'orologio sul polsino del celebre Avvocato non ti dice nulla? E l'evidenziatore coordinato al vestito di una famosa giornalista televisiva? Spesso sono proprio i dettagli a fare la differenza. E sono splendidi modi per farti ricordare.

SEGRETO n. 15: se vuoi aggiungere lo "style factor" alla tua immagine professionale, fai emergere la tua personalità! Ti renderà unico.

L'importanza degli accessori

Gli occhiali

Le persone che hanno problemi di vista possono trasformare un accessorio a volte non troppo gradito come gli occhiali, in un incredibile alleato. Possono diventare, infatti, un elemento per farti ricordare. Spesso capita di non riuscire a descrivere una persona quando non ci sono elementi evidenti. Gli occhiali in questo caso possono aiutarci: «Non rammento il nome ma è quella persona che ha gli occhiali blu, tondi ecc.» Scegline quindi un paio che ti dia personalità. Sempre senza esagerare. Gli occhiali con la montatura scura segnano il viso (fai delle prove prima di acquistarli) mentre gli occhiali fosforescenti vanno bene solo al circo. Ogni forma e caratteristica dell'occhiale lancia un preciso messaggio:

- montatura squadrata = personalità rigida;
- montatura tonda = carattere accondiscendente;
- montatura colorata = personalità giovane e creativa.

Ricorda di non indossare mai gli occhiali da sole in un ambiente chiuso e abbi cura di riporli e non tenerli sulla testa prima di entrare al tuo appuntamento di lavoro.

Il profumo

Un piacevole e delicato aroma alimenta a livello sensoriale il ricordo di te. Dopobarba o eau de toilette che sia, è importante che non sia troppo carico perché si produce un effetto contrario.

Agenda/borsa business/portabiglietti da visita

Sono strumenti che devi sempre avere in un appuntamento di

lavoro. Denotano spirito di organizzazione, ordine e capacità *multitasking*. Scegli oggetti di buon gusto, ce ne sono tanti sul mercato di ogni tipologia e prezzo. Evita la borsa portadocumenti a tracolla (a meno che tu non sia un grafico o un creativo). Bene anche per le donne la borsa business di taglio maschile. Il tocco di classe è sempre un portabiglietti da visita che serve sia per contenere il tuo, sia per riporre quello che ti viene dato. Farai un figurone perché è un accessorio poco utilizzato qui in Italia.

Tatuaggi e piercing

Attualissimi ma pericolosi per la tua immagine professionale. Abbi cura di coprirli durante un appuntamento di lavoro, soprattutto in ambienti formali e conservativi. Negli States, in molte aziende che hanno contatto con il pubblico, sono previste sanzioni per chi non li copre. Se ci tieni alla tua immagine professionale, evita di farti tatuare in zone visibili che non si possono coprire con l'abbigliamento (collo, mani e gambe/caviglie per le donne). Un no deciso a piercing sul viso (bocca, sopracciglia, naso ecc.).

I gioielli

Tutti gli accessori, e in particolare i gioielli, rivelano molto di te alle altre persone e comunicano in che misura tieni in considerazione i dettagli. La prima regola, unisex, è evitare ogni tipo di esagerazione. Con i gioielli, infatti, puoi rischiare di commettere errori grossolani. Gli orecchini li portano solo le donne (di fattura semplice e raffinata) perché sono vietati per gli uomini. Pin e spille di appartenenza a ordini, associazioni, club, sono da usare con estrema prudenza (possono creare avversità) e non devono contenere messaggi. Le spille gioiello femminili vanno scelte con gusto, sono perfette quelle di piccole dimensioni per valorizzare una giacca anonima. La donna può indossare un solo anello per mano, invece per l'uomo è sufficiente la fede. Evita eccessi anche per collane e braccialetti. Il filo di perle rende sempre molto chic una donna e si presta per qualsiasi tipo di abbigliamento, anche quello casual.

I segnali del corpo

Sapersi muovere e avere un buon portamento è importante tanto quanto ciò che dici. Fai quindi molta attenzione al tuo modo di muoverti e comportarti. L'elemento chiave, sul quale molti ahimè cadono, è mantenere il contatto visivo con le altre persone. Nella maggior parte delle culture, in primis quelle occidentali, evitare lo sguardo equivale a lanciare un segnale di disinteresse e ciò può innervosire l'interlocutore. Cerca di mantenere il contatto visivo mostrandoti sempre interessato e attento alla conversazione. Guardare dritto negli occhi aumenta il tuo potere e aiuta la tua immagine professionale.

Consigli di portamento: in piedi

Quando sei in piedi, tieni un portamento eretto ma non rigido (no all'effetto "militare in caserma"). Il mento deve stare leggermente alzato e le braccia rilassate ai lati del corpo oppure poste dietro la schiena. Non mettere le mani in tasca perché comunicano imbarazzo. Sbagliato anche tenere le braccia incrociate, perché questo è un atteggiamento tipico della persona impacciata o chiusa. Quando sei in piedi cerca di essere disinvolto e naturale.

Consigli di portamento: seduti

Fai molta attenzione al modo in cui ti siedi. Se ti senti insicuro o non hai le idee molto chiare, osserva o ricorda le persone presenti in una riunione di lavoro/meeting. In che modo stanno sedute?

Che portamento hanno? Un errore molto comune è pensare che le donne possano accavallare le gambe e gli uomini no. È l'esatto opposto! Sono gli uomini che possono farlo mentre le donne devono tenere le gambe semplicemente avvicinate. Cerca di mantenere la schiena eretta e di non accasciarti sulla sedia. Attenzione anche al ginocchio che "balla" perché è segno di nervosismo. Le donne sedute devono stare molto attente a non scadere in pose sexy: è vietato mostrare reggicalze e scollature provocanti. Sono "scorciatoie" davvero poco professionali.

Consigli di portamento: le mani

Alcune persone mentre parlano gesticolano. Può essere simpatico ma non è consigliabile in un incontro di lavoro. La persona che usa troppo le mani comunica al prossimo che non riesce a utilizzare le parole per spiegare un concetto. Ha bisogno, infatti, di una...mano nella conversazione. Se anche tu non riesci a controllare o ad arginare il problema, metti le mani sotto le gambe. Come esercizio, a casa davanti allo specchio simula un incontro di lavoro e osservati. Cerca sempre di migliorarti. Ci sono posti in cui non bisogna MAI mettere le mani:

- nel naso;

- in bocca;
- nelle orecchie;
- in tasca;
- incrociate sulla pancia;
- nei capelli.

SEGRETO n. 16: l'abbigliamento giusto crea una buona immagine professionale ma fai molta attenzione anche al linguaggio del corpo.

Appuntamento di lavoro: consigli per lei

In generale

- capelli sempre puliti e curati;
- manicure curata, smalto sulle unghie;
- denti bianchi;
- alito fresco.

Make-up

- è utile per ridurre i difetti, illuminare il viso, coprire imperfezioni, migliorare l'aspetto;
- un po' di trucco è indispensabile: i toni naturali del beige e i rosati stanno bene con tutti gli incarnati e con qualsiasi colore di occhi;
- vietato ogni tipo di esagerazione (ciglia finte ecc.);
- vietato il rossetto rosso. Stendi sulle labbra solo un po' di lucidalabbra o una tinta *nude*;
- lo smalto ideale è sui toni bianco/beige/rosa antico. Bene la *french manicure* classica, consentiti gli abbinamenti di colore smalto/look (per esempio smalto bordeaux con cardigan o foulard dello stesso colore). Severamente vietate le unghie finte.

Capelli

Devono essere puliti e in ordine soprattutto quando sono lunghi. Perfetti in ufficio gli chignon e le code basse. Se hai i capelli corti, regola il taglio dal parrucchiere una volta al mese, perché deve sempre essere impeccabile. Vietati in ufficio mollettoni, mollette e cerchietti. Tieni sempre d'occhio la ricrescita del colore. Prima di osare una nuova pettinatura o un colore completamente diverso, ti consiglio di fare qualche prova. Tra i miei programmi preferiti, per provare un taglio di capelli virtuale inserendo la tua foto, ti segnalo: www.dailymakeover.com e www.taaz.com.

Abbigliamento

Evita in azienda: scollature e vita bassa, scarpe sexy, minigonna, calze a rete, gioielli esagerati, profumo eccessivo.

Trousse degli indispensabili

Un paio di collant di ricambio, limetta per le unghie, gel igienizzante, fazzoletti di carta, mentine, trucchi in piccole taglie per ritocchi, profumo e deodorante.

Appuntamento di lavoro: consigli per lui

In generale

- capelli puliti e curati;
- mani e unghie in ordine;
- denti bianchi e alito fresco;
- barba molto curata;
- vestiti stirati.

La cravatta

Cerca la perfezione: né troppo lunga, né corta. Il nodo non deve essere troppo molle, né esageratamente stretto. Evita le fantasie con colori troppo accesi o con soggetti di dubbio gusto. Punta su una *texture* classica. Per esercitarti con gli abbinamenti camicia/cravatta: http://shirtsandties.org/TieMatchingGame.html.

Accessori

Indossa solo l'orologio e la fede (se sei sposato). Catenine, braccialetti di corda o tessuto, anelli, orecchini e piercing sono assolutamente da non prendere in considerazione. Fondamentale per l'uomo la borsa business: deve essere in pelle, di buona fattura, robusta e capiente. Il tocco segreto: una *pochette* nel taschino per dare personalità a un look troppo serio. In commercio ce ne sono di svariate fantasie e tessuti, quindi osa! I clienti si ricorderanno della tua eleganza!

I capelli

Il capello troppo lungo non va bene e i codini sono banditi. Regola spesso il taglio in modo da avere sempre un aspetto curato. Per chi soffre di calvizie, consiglio di tenere i capelli corti. Solo se la testa ha una forma perfetta, è possibile radersi a zero.

Abbigliamento

Evita i calzini bianchi di tutti i tipi, la camicia nera, la maglietta girocollo o la canottiera "della salute" sotto la camicia, le scarpe da ginnastica con il vestito classico. No ai sandali da frate e le scarpe da trekking in ufficio.

Trousse degli indispensabili

Fazzoletti di carta, ago e filo, mentine, gel igienizzante, deodorante.

RIEPILOGO DEL CAPITOLO 3:

- SEGRETO n. 13: Alla base dell'immagine professionale c'è sempre un'accurata igiene personale quotidiana. Scarsa igiene equivale a scarso successo.
- SEGRETO n. 14: Avere un abbigliamento adeguato per ogni circostanza non vuol dire investire tutto lo stipendio nell'ultimo completo firmato.
- SEGRETO n. 15: Se vuoi aggiungere lo "style factor" alla tua immagine professionale, fai emergere la tua personalità! Ti renderà unico.
- SEGRETO n. 16: L'abbigliamento giusto crea una buona immagine professionale ma fai molta attenzione al linguaggio del corpo.

CAPITOLO 4:
Come rendere il pranzo d'affari un affare

La buona educazione non sta tanto nel non versare della salsa sulla tovaglia, ma piuttosto nel non accorgersene se lo fa qualcun altro.

(Anton Cechov)

Il pranzo di lavoro è il momento migliore per costruire relazioni di qualità che sono fondamentali per la crescita del tuo business. A tavola, infatti, si è molto più disponibili, ci si apre e si ha la possibilità di imparare dettagli personali e professionali delle altre persone. Un professionista di successo sa come destreggiarsi al meglio nella sua attività, ma conosce anche il giusto modo di comportarsi durante un pranzo d'affari. Ti assicuro che non esiste un luogo migliore per sviluppare le relazioni professionali. Se non ti reputi all'altezza, ti senti impacciato o non sai proprio da che parte cominciare, in questo capitolo del corso troverai molti consigli utili. Saper stare a tavola non significa solamente bere nel bicchiere giusto o destreggiarsi tra l'argenteria. Oggi la vita è molto più pratica rispetto al passato e spesso capita di concludere affari anche al bar davanti a un panino. Non importa il contesto quindi, conti solo tu e il tuo modo di agire.

Come fare? Da dove si comincia?

Per rendere il pranzo d'affari un affare, bisogna innanzitutto conoscere e poi saper gestire i seguenti elementi:

- buone maniere;
- Galateo della tavola;
- tempi e organizzazione;
- conversazione.

Le buone maniere

Perché è più facile chiudere un affare davanti a un piatto di pasta piuttosto che dietro una scrivania? Innanzitutto perché le persone a tavola sono più rilassate, aperte e disponibili. Essere fuori dall'ambiente lavorativo, poi, aiuta a instaurare un rapporto personale. Proprio per questo avere un comportamento educato e premuroso, nei confronti dei commensali e del personale di sala, farà di noi una persona gradevole e apprezzata. Le buone maniere ti aiuteranno molto a tavola: sono, infatti, il corrimano sul quale ti puoi appoggiare quando fai una gaffe o devi recuperare terreno con gli ospiti. In più la tavola è uno spazio circoscritto dove ogni azione è sotto gli occhi di tutti. Muoversi con grazia, usare il tono di voce giusto, far sì che il nostro ospite sia sempre a suo agio, ci metteranno in una condizione di vantaggio nei confronti di altri.

Pensi di essere sufficientemente educato a tavola? In che cosa puoi migliorare? Lavora quotidianamente su questo concetto, prendendo ad esempio una persona che reputi ben educata. Le buone maniere si trasmettono, infatti, più velocemente attraverso l'osservazione e l'esempio. Se impari correttamente il bon ton a tavola, ti distinguerai e arriverai a eccellere nel tuo settore.

Non è vero che le buone maniere sono passate di moda, anzi sono attualissime e più che mai utili in ogni professione. In America da anni si sostiene che «*good manners are good business*» (le buone maniere sono sempre un ottimo affare). Che tu sia un venditore, un impiegato, un libero professionista, un artigiano o un imprenditore non vi è differenza alcuna. Le buone maniere sono l'ascensore per il successo in ogni professione.

SEGRETO n. 17: le buone maniere durante il pranzo d'affari sono fondamentali: rappresentano, infatti, il corrimano e il sostegno nei momenti di difficoltà.

Il Galateo della tavola

Il Galateo della tavola è costituito da una serie di regole logiche che tutti possono imparare. In un pranzo d'affari queste regole contribuiscono a renderti più sicuro e a tuo agio nella relazione con gli ospiti/commensali. Ti porto ad esempio la scena mitica del film *Pretty Woman.* Julia Roberts è ospite in un'importante cena d'affari. Purtroppo la bella Julia non conosce affatto le regole del Galateo e commette una lunga serie di errori che culminano quando, per inesperienza, fa volare l'*escargot* lungo la sala del ristorante.

In un film tutto ciò fa sorridere, nella realtà sarebbe un disastro! Richard Gere, di contro, nella stessa scena ci insegna che il savoir-faire e la naturalezza nell'utilizzo di posate e bicchieri, ma anche nella gestione degli errori della bella accompagnatrice, danno un vantaggio competitivo anche durante un duro scontro d'affari. Onde evitare figure simili, è buona norma studiare queste regole. Sapere come comportarsi in un convivio ci consentirà di sorridere dall'antipasto al dolce. Il Galateo della tavola comprende:

- apparecchiatura;
- buone maniere/comportamento.

Apparecchiatura base: studia a memoria queste regole!

Ricorda: apparecchiatura semplice…pranzo veloce.

Liquidi: a destra

- bicchieri vari (vini, spumante ecc.);
- bicchiere dell'acqua;
- eventuali tazze;

- coltello (con lama rivolta verso il piatto);
- cucchiaio.

Solidi: a sinistra

- piattino per il pane;
- tovagliolo;
- forchetta.

La forchetta: quando è nella mano destra, deve avere le punte rivolte verso l'alto. Quando è a sinistra, le punte stanno rivolte in basso. A tavola cerca di stare eretto e porta la forchetta verso la bocca e non il contrario. Muovi le posate senza chinarti sul piatto.

Il coltello: si tiene sulla destra senza che il dito indice vada sulla lama. Se devi utilizzarlo per spalmare il burro sul pane, la lama va dall'esterno all'interno. Il coltello è l'unica posata che non deve essere mai portata alla bocca.

Il cucchiaio: innanzitutto non devi impugnarlo come un'arma! Va tenuto con la mano destra semplicemente prendendolo all'inizio del manico. Quando degusti il brodo, il cucchiaio non deve toccare il piatto per evitare lo spiacevole tintinnio. Non inclinare mai il piatto per raccogliere il brodo. Una volta utilizzato riponilo nel piatto sottostante.

I bicchieri: nelle apparecchiature formali, i bicchieri sono almeno tre (acqua, vino rosso e vino bianco). Nelle apparecchiature informali di solito sono due. Alla tavola calda e al bar, di solito, ne trovi solo uno. Quando il cameriere serve le bevande non devi assolutamente alzare il bicchiere. Se non gradisci il vino non coprire il bicchiere con la mano basta un semplice cenno al cameriere. Se l'ambiente è informale e al tavolo ci sono delle donne, l'uomo si preoccupa di riempire i bicchieri delle signore.

Sale e pepe: per il Galateo sono "sposati" e viaggiano sempre in coppia. Se qualcuno ti chiede il sale, devi passarli entrambi.

Il tovagliolo: il giusto momento per appoggiarlo sulle gambe è appena prima che inizi il pranzo. Se devi alzarti durante il convivio, riponilo sulla sedia. Alla fine del pranzo lascia il tovagliolo sul tavolo alla tua sinistra. Non usarlo per soffiarti il naso o per pulire gli occhiali.

Come si mettono le posate nelle pause e alla fine del pasto?

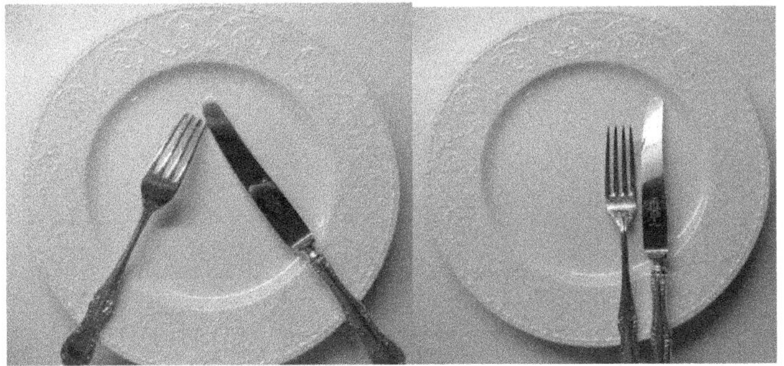

Durante. *Al termine.*

Se devi assentarti un attimo e non hai ancora finito la portata, metti le posate in modo da formare una V rovesciata. Paragonando il piatto a un orologio e le posate alle lancette, sarebbero le otto e venti. Alla fine del pasto riponi entrambe le posate parallele e perpendicolari come se segnassero le ore sei. I manici sono sempre rivolti verso di te. Come avrai capito mi piacciono molto i consigli pratici. Se sei alle prime armi e fai fatica a ricordare dove va la forchetta o il cucchiaio ti consiglio di acquistare queste tovagliette: (http://shop.donkey-products.com/de/kniggerich-tischset). Usale a casa per almeno un mese al posto della tovaglia, per memorizzare le giuste posizioni dell'apparecchiatura.

© *Donkey.*

Ad ogni portata, il giusto comportamento

Cinque consigli per essere sempre impeccabili a tavola:

1) mangia piccoli bocconi. Non parlare mai con la bocca piena;
2) prepara alcuni argomenti di conversazione (viaggi, musica, film ecc.);
3) sii gentile con il personale del ristorante/bar;

4) scegli il luogo in base ai gusti del tuo ospite. Se invece sei stato invitato, adeguati alle scelte altrui;
5) informati bene sul tuo ospite, in modo da avere notizie utili per avviare una proficua conversazione a tavola.

Come tenere...

Le mani: utilizza le mani esclusivamente per mangiare il pane, i panini imbottiti, i tramezzini, i toast, i crostacei e i frutti di mare ma anche la frutta di piccole dimensioni (per esempio uva e ciliegie). Non leccarle se qualcosa è particolarmente buono.

I gomiti: non appoggiarli mai sul tavolo. Tieni le braccia vicine al busto. I gomiti, infatti, quando si taglia un boccone non vanno mai allargati troppo.

La bocca: mantieni la bocca sempre pulita con il tovagliolo. Non mangiare con la bocca aperta e cerca di non succhiare il brodo.

Le scarpe: vietato togliersele sotto il tavolo anche se fanno male o è molto caldo.

Il telefono cellulare: tienilo rigorosamente spento oppure in modalità silenziosa. Dimenticalo insomma per tutta la durata del pranzo. Rispondere a tavola è molto maleducato sia nei confronti del tuo ospite sia delle persone presenti in sala. Evita che il cameriere ti venga a dire qualcosa (in alcuni ristoranti non è consentito tenerlo acceso). Sarebbe una pessima figura.

SEGRETO n. 18: se vuoi distinguerti, impara il corretto modo di stare a tavola. Vale la pena osservare le regole del bon ton per rispetto dei commensali, sebbene oggi la tavola sia diventata un luogo più informale rispetto al passato.

L'organizzazione di un pranzo di lavoro

Il pranzo d'affari è una scelta molto diffusa e praticata in ogni parte del mondo. La cena di lavoro, invece, si utilizza in occasione di eventi speciali oppure per intrattenere clienti che giungono da fuori città. Il pranzo d'affari ha luogo generalmente in un lasso temporale che va dalle ore 12 alle 14. Si tratta di un convivio informale, visto il tempo limitato che si ha a disposizione. Si svolge solitamente al ristorante, in trattoria, alla tavola calda/self service. In alcune occasioni, per questioni di praticità, si può organizzare anche in ufficio, in un'apposita saletta, durante la pausa pranzo. Importante! Donna o uomo che sia, ricordati che nel mondo degli affari chi invita paga sempre il conto senza indugi.

Sai come organizzare un pranzo di lavoro e come formulare il giusto invito? Segui questi sette passi e cerca di metterli in pratica il prima possibile:

1) **Telefona al tuo ospite e formula l'invito** in questo modo: «Dottor Rossi buongiorno, vorrei invitarla a pranzo la prossima settimana per parlarle del nuovo prodotto. Preferisce mercoledì o giovedì? Facciamo alle 13? So che ha poco tempo… va bene nella trattoria sotto il suo studio?» Concludi con: «Perfetto, grazie. Allora ci vediamo mercoledì alle 13 all'interno del locale».
2) **Agisci in maniera accurata**. Vai sul sicuro scegliendo un ristorante noto per servizio e cucina oppure, se conosci i gusti del tuo ospite, seleziona un locale di suo gradimento e/o comodo per le sue esigenze. Chiama con anticipo il ristorante e prenota a nome tuo il tavolo migliore.
3) **Chiedi la conferma**. Un giorno prima telefona al tuo ospite e

fatti confermare l'appuntamento. Chiama anche il ristorante per fermare definitivamente il tavolo.

4) **Arriva al ristorante un po' prima del tuo ospite** e stabilisci un accordo con il gestore per il pagamento del conto. Se hai bisogno della fattura, lascia i tuoi dati. È meglio evitare di farsi portare il conto direttamente al tavolo per evitare confusione su chi paga.
5) **Durante l'attesa sii molto gentile con il personale**. Se ci tieni alla buona riuscita del pranzo, lascia subito una mancia al cameriere in modo da poter contare su un ottimo servizio. Come sosteneva Coco Chanel, infatti: «Le mance sono denaro investito in serenità». Aspetta il tuo ospite seduto al tavolo avendo cura di non manomettere nulla, senza mangiare il pane o i grissini e/o ordinare le bevande. Se hai sete non bere a tavola ma fatti servire un drink al banco bar situato all'ingresso del ristorante. Accogli il tuo ospite con una cordiale stretta di mano e un sorriso.
6) **Al momento dell'ordine**...Se conosci bene il ristorante, consiglia al tuo ospite i piatti migliori presenti in menu. Ordina lo stesso numero di portate del tuo ospite, mentre se è suo desiderio mangiare qualcosa di leggero (tipo un'insalata)

adeguati alla scelta, anche se hai molta fame.

7) **Quando arriva il cibo, fai molta attenzione alle buone maniere**! Il modo in cui mangiamo definisce a chiare lettere quello che siamo. Il bon ton a tavola è segno di gentilezza e rispetto. Evita show poco eleganti e punta sulla buona educazione.

SEGRETO n. 19: se decidi di invitare un cliente a pranzo per parlare di lavoro, devi fare in modo che sia tutto perfetto! Gli affari, infatti, si concludono a tavola.

La conversazione

Una giusta conversazione a tavola farà risplendere il pranzo di lavoro lasciando all'ospite un ottimo ricordo di te. Sapere quando e come parlare ti permetterà anche di arrivare al momento del "dunque" in maniera naturale e disinvolta. Per te alcuni miei consigli supercollaudati:

- non parlare troppo forte o troppo piano. Calibra il volume della voce;
- non parlare con la bocca piena. Se hai questo difetto, fai questo semplice esercizio: a casa mangia davanti a uno

specchio, simulando un pranzo di lavoro. Osservati e correggi eventuali errori. Ripeti la scena fino a quando noti dei cambiamenti;

- impara a dialogare per "piccoli discorsi". Questa è una tecnica che si apprende facilmente. Preparati degli argomenti di varia natura (viaggi, il tempo atmosferico, eventi locali, sport), l'importante è che non siano negativi (tipo cataclismi, epidemie influenzali, disoccupazione ecc.). Fai domande al tuo ospite evitando risposte chiuse tipo *sì* o *no*. Utilizza il *quando*, *come*, *che cosa*, *chi*, per favorire risposte aperte. Qualche esempio: «In questi giorni alla Galleria d'Arte Bianchi è allestita una mostra molto interessante. Cosa le piace dell'arte contemporanea?» oppure:«Ho sentito che il prossimo week-end ci sarà un bel sole. Conosce un locale all'aperto, dove si mangia bene?»
- evita argomenti come: politica, sesso, religione, astrologia, questioni sentimentali e gossip;
- non rivolgere MAI domande troppo personali: fatti gli affari tuoi!
- mantieni il controllo sulla conversazione, cercando di essere gentile e mai banale. Lascia all'ospite il giusto spazio;

- ricordati perché sei seduto a tavola. Focalizza: l'obiettivo reale sono i tuoi affari ed è quindi il momento giusto per fidelizzare il cliente e/o facilitare il buon esito di un contratto. Gli accordi si prendono e si stabiliscono durante il pranzo mentre in ufficio si sbrigano le formalità e la parte burocratica.

SEGRETO n. 20: il professionista di successo conosce la giusta conversazione a tavola. La regola di base è: fatti gli affari tuoi.

Qual è il momento migliore per parlare di affari a tavola?

Esiste il momento giusto per ogni cosa e bisogna saperlo riconoscere. Durante un convivio di lavoro la cosa più importante è riuscire a stabilire un link con l'altra persona, in modo da instaurare una reciproca conoscenza. Non avere fretta di parlare di business perché il momento migliore è alla fine del pasto. Se il tuo ospite anticipa e viene prima "al dunque" ovviamente questa regola non vale più. Cerca di essere flessibile ma determinato a raggiungere il tuo obiettivo.

Consigli utili quando si inizia a parlare di affari

- evita di imbandire il tavolo con fogli, computer, relazioni, tablet ecc., anche se è già stato sparecchiato. Ricordati che non sei in ufficio ma in un ristorante. Gli altri ospiti presenti in sala vanno rispettati;
- nel caso fosse indispensabile utilizzare alcuni strumenti, domanda al cameriere se è possibile sedersi in un tavolo appartato o addirittura in una saletta riservata. Quando chiedi l'attenzione del personale di servizio non rivolgerti a loro dicendo: «Cameriere!» o «Ragazzo!»ma fai solo un piccolo cenno.

SEGRETO n. 21: durante il pranzo di lavoro non avere fretta perché il momento migliore per iniziare a parlare di affari è alla fine del pasto.

Il tocco finale per rendere il pranzo d'affari un affare

Dopo un pranzo di lavoro ti consiglio di inviare una nota di ringraziamento al tuo ospite. Abbi cura di spedirla per posta e non via mail/sms/messenger perché così avrà un impatto completamente diverso. Il messaggio che si manda è equiparabile a un abbraccio o una stretta di mano senza contatto. L'obiettivo è far capire che abbiamo davvero gradito il momento passato insieme. "Grazie" è una delle parole magiche del Galateo. Questa regola la puoi applicare anche per altre situazioni. Durante i miei seminari insegno due modalità per quanto riguarda i ringraziamenti:

1) esterna la tua gratitudine via email o sms nei confronti di chi ti dedica almeno mezz'ora del suo tempo a vantaggio della tua attività;
2) invia per posta un cartoncino di ringraziamento scritto a mano in seguito a pranzi, cene oppure in occasione di festività e celebrazioni.

RIEPILOGO DEL CAPITOLO 4:

- SEGRETO n. 17: Le buone maniere durante il pranzo d'affari sono fondamentali: rappresentano, infatti, il corrimano e il sostegno nei momenti di difficoltà.
- SEGRETO n. 18: Se vuoi distinguerti, impara il corretto modo di stare a tavola. Vale la pena osservare le regole del bon ton per rispetto dei commensali, sebbene oggi la tavola sia diventata un luogo più informale rispetto al passato.
- SEGRETO n. 19: Se decidi di invitare un cliente a pranzo per parlare di lavoro, devi fare in modo che tutto sia perfetto! Gli affari, infatti, si concludono a tavola.
- SEGRETO n. 20: Il professionista di successo conosce la giusta conversazione a tavola. La regola di base è: fatti gli affari tuoi.
- SEGRETO n. 21: Durante il pranzo di lavoro non avere fretta perché il momento migliore per iniziare a parlare di affari è alla fine del pasto.

CAPITOLO 5:
Come avere successo con il Galateo del Business

Se riesci a fare le cose bene, cerca di farle meglio. Sii audace, sii il primo, sii differente, sii giusto.

(Anita Roddick)

Ora che hai imparato il corretto modo di presentarti, di vestirti, di stare a tavola, di conversare, di stringere la mano... sei pronto per fare un altro importante passo in avanti. In questo capitolo ti insegnerò come avere successo oggi e domani con il Galateo del Business. Il mondo attuale sta cambiando molto velocemente ed è necessario essere flessibili per adattare le regole di etichetta a nuove esigenze che stanno nascendo.

In questo istante, per esempio, grazie a Bruno Editore stai leggendo un libro che non è stato stampato in tipografia, che non si ripone in uno scaffale e che non si acquista presso una libreria tradizionale. Probabilmente l'hai scaricato in pochi secondi e magari di notte quando i negozi erano tutti chiusi. Queste cose fino a pochi anni fa erano impensabili e ora sono diventate una realtà. La domanda sorge spontanea: come utilizzare al meglio le buone maniere in un mondo in continua evoluzione?

Benvenuti nella nuova era del Galateo del Business!

Il Galateo ha sempre trovato il modo, nei suoi cinquecento anni di vita, di accompagnare la società nella sua naturale evoluzione. Si è adattato a modi e costumi di ogni periodo storico, tenendo però fede ai suoi principi logici. Ha subìto numerosi aggiornamenti per rispondere alle esigenze di ogni epoca e anche oggi è attualissimo. Ti assicuro che mai come ora le buone maniere ti saranno utili per raggiungere nuovi obiettivi professionali e personali.

Le occupazioni attuali, infatti, godono di un enorme incremento dei contatti e delle relazioni interpersonali grazie alle nuove tecnologie e a Internet. Conoscere e praticare le buone maniere, agendo in modo etico e corretto anche attraverso computer o tablet, contribuisce a consolidare ogni tipo di relazione lavorativa. Oggi ci si guadagna la stima e il rispetto di clienti, colleghi e collaboratori in modalità sia offline che online.

SEGRETO n. 22: il Galateo del Business della nuova era ti aiuterà ad avere relazioni di successo nel mondo del lavoro, sia offline che online.

Ieri… farsi conoscere da dieci nuovi clienti significava investire molto tempo e risorse.

Oggi…basta un secondo con l'invio di una mail. Non è fantastico?

La nuova era del business ha cambiato e adattato alcuni capitoli del Galateo del Business. Devi prepararti a un grande cambiamento che è già in atto, anche se i criteri di base rimangono gli stessi: stabilire relazioni di lavoro di successo grazie a buone maniere, etica e integrità. Questa sezione del corso ti condurrà per mano nella conoscenza e nell'apprendimento delle nuove frontiere della Business Etiquette. In un mondo economico che cambia, occorre aggiornarsi costantemente per essere competitivi. I nuovi capitoli del Galateo del Business da studiare sono:

- Internetiquette;
- Galateo multiculturale;
- networking etiquette.

Che cos'è la *Internetiquette*?

È un neologismo telematico composto da due vocaboli: Internet ed Etiquette. Non è propriamente un Galateo della rete, come alcuni sostengono. Si tratta piuttosto di una serie di regole di comportamento per interagire in maniera corretta con gli altri utenti del web. Ti consiglio di imparare velocemente queste regole per poi utilizzarle quando operi in modalità online. Grazie all'Internetiquette (o *Netiquette*) la rete può diventare un luogo molto interessante e competitivo per i nostri affari.

L'argomento è stato analizzato anche da un'importante società di selezione del personale, la Robert Half International. Recentemente, infatti, questa società ha pubblicato uno studio dedicato all'Internetiquette sostenendo che «Il bon ton digitale favorisce la carriera». Come sostiene Erika Perez, Associate

Director di Robert Half: «Dimostrare di avere la padronanza dei mezzi di comunicazione digitale può far accrescere la reputazione del lavoratore agli occhi del capo o di un potenziale futuro datore di lavoro».Per un approfondimento puoi scaricare gratuitamente la ricerca internazionale a questo indirizzo: http://www.roberthalf.it/id/PR-03416/social-network-lavoro.

In sintesi la Internetiquette ci è di estremo aiuto nell'utilizzo di:

- email;
- chat e messaggistica istantanea (IM Etiquette);
- social network.

I mezzi tecnologici sono strumenti straordinari per sviluppare il business ma bisogna saperli utilizzare con estrema professionalità. Partendo dal fatto che non sono giochi di società e che, se ben gestiti, possono diventare veri e propri acceleratori di fatturati. Prima di procedere con il corso ti consiglio di imparare a memoria le regole generali di buona *e-ducazione* e i dieci comandamenti per un corretto utilizzo della posta elettronica e di Internet:

Buona e-ducazione

- controlla la posta elettronica almeno una volta al giorno;
- metti sempre la firma in basso con nome, cognome e riferimenti aziendali;
- rispondi alle email entro 24 ore oppure programma un autorisponditore;
- sii gentile ma sincero e schietto per evitare malintesi;
- scrivi messaggi brevi ma professionali;
- tieni sotto controllo le polemiche;
- non abusare del tuo potere;
- non arrabbiarti per gli errori degli altri;
- sii sempre e-ducato.

I dieci comandamenti della posta elettronica e di Internet

1) Utilizza un indirizzo email per il lavoro e un altro diverso per le questioni private.
2) L'email non è né una telefonata, né una lettera. Usa testi brevi e vai dritto al nocciolo della questione. Se devi spiegare in maniera approfondita un concetto, telefona.
3) Quando mandi un'email importante, verifica con una telefonata se è giunta a destinazione.

4) Non commettere errori grammaticali, di stile, di punteggiatura. Scrivi senza abbreviazioni, espressioni dialettali e usa con moderazione le *emoticons* (le famose faccine ☺). Molti professionisti non gradiscono le comunicazioni poco curate, superficiali, sgrammaticate e troppo giocose.
5) Leggi con attenzione il contenuto dell'email (almeno tre volte) prima di inviarla. Questo vale soprattutto se sei teso, stanco o nervoso. Attenzione perché quando spingi il tasto Invio non puoi più tornare indietro! E potresti pentirtene amaramente. Non mandare mai per email un'informazione che non desideri finisca sulla prima pagina del giornale!
6) Non scrivere email con LE LETTERE TUTTE MAIUSCOLE (nel cyberspazio equivale a urlare) o tutte minuscole. Utilizza lo stesso sistema di una lettera tradizionale. Urlare non è mai educato.
7) Quando scrivi a un gruppo di persone che non si conoscono, utilizza la funzione "Copia nascosta" (CCN), in modo che non siano visibili gli indirizzi email dei contatti coinvolti nella comunicazione.
8) Poni massima attenzione all'oggetto. Indica in maniera

sintetica il contenuto della comunicazione nell'oggetto, in modo da evitare che non sia presa in considerazione dal destinatario.

9) Utilizza le parole "grazie" e "prego". Sono parole magiche che ti aiuteranno a sospingere al meglio i concetti espressi. Ogni tua comunicazione avrà così un ottimo impatto sul ricevente. Esempio: «Gent.mo dott. Rossi, la ringrazio infinitamente per l'invio del fascicolo. La prego di comunicarmi quando è in ufficio perché vorrei passare da Lei per salutarla. Cordiali saluti ecc.»

10) Fai attenzione agli allegati. Se superano una certa dimensione prima di spedire avvisa il destinatario e chiedi l'autorizzazione per l'invio.

Attenzione alle email

Il telefono e l'email sono due forme di comunicazione molto importanti in ogni attività lavorativa. Il telefono è un mezzo sincrono (cioè il mittente spedisce il messaggio e attende la risposta), mentre l'email è un mezzo asincrono (ossia il mittente spedisce il messaggio e poi continua nelle sue attività). Anche se si sviluppano con differenti processi, entrambi richiedono un'azione di risposta tempestiva. La regola è: se qualcuno ti chiama o ti scrive significa che ha bisogno di te, quindi è buona norma non dimenticarsi di rispondere. Come ti comporti in questi casi? Per riflettere sulle tue azioni, fai il seguente test:

Quando suona il telefono di solito...

1) rispondo subito;
2) rispondo dopo una settimana;
3) non rispondo affatto.

La risposta corretta è la numero 1. Eppure la maggior parte delle persone risponde alle email solamente dopo giorni o per nulla. Perché si dà più importanza alla telefonata che all'email? Secondo un recente sondaggio il 61% degli utenti intervistati (manager di aziende importanti) sostiene che le decisioni aziendali subiscono ritardi a causa di mancate risposte alle email inviate. Capito il concetto? È buona norma, ripeto, rispondere entro ventiquattr'ore lavorative e se si è impossibilitati a fare ciò (causa meeting, problemi di salute, vacanze ecc.) bisogna programmare un servizio di risposta (auto-responder) tipo Awaber.

Qui sotto troverai un utile specchietto che analizza i tempi corretti di risposta dei principali mezzi di comunicazione nel business: telefono, email, messaggistica istantanea, social network e posta tradizionale. Imparare il *timing* giusto ti permetterà di sviluppare e creare relazioni solide e dinamiche nella tua attività.

Chat e Messaggistica Istantanea (IM Etiquette)

Skype, Messenger, AIM, Talk sono strumenti di messaggistica istantanea (o IM che sta per *Instant Messaging*) molto utilizzati nel mondo del lavoro. Alcuni professionisti, infatti, usano i "messaggi corti" (*short messages*) per inviare comunicazioni veloci soprattutto quando non è possibile utilizzare il telefono. Come sempre vale la regola che bisogna conoscere bene questi strumenti per non abusarne. Il buon senso e la buona educazione anche in questo caso possono venirci in soccorso per evitare malintesi o comportamenti superficiali che possono danneggiare la nostra reputazione professionale. Qualche consiglio:

- utilizza l'IM solo se strettamente necessario;
- prima di scrivere il messaggio, saluta il destinatario;
- vai subito al punto, sii sintetico;
- non scrivere messaggini mentre stai guidando o mentre attraversi la strada. È estremamente pericoloso!
- non mandare un IM per comunicare qualcosa di veramente importante. Certe cose è meglio affrontarle di persona;
- non scrivere messaggi e non leggerli quando sei a colloquio o in riunione. È molto maleducato;

- alcune persone non sono molto pratiche con gli IM, quindi non dare nulla per scontato. Spesso capita che se non ricevi risposta è perché non hanno letto il tuo messaggio. Nel dubbio fai una telefonata.

Il Galateo dei social network

Si tratta del più recente capitolo dell'Internetiquette. I social network, come per esempio Facebook, Twitter, LinkedIn ecc., sono diventati potentissimi strumenti che hanno cambiato radicalmente il modo di relazionarsi delle persone, le abitudini al consumo e più in generale gli stili di vita. In pratica sono potenti aggregatori sociali. Le grandi aziende internazionali, attirate da questo nuovo trend, stanno investendo grossi capitali sui social media. Anche le aziende medio-piccole si stanno attrezzando, come pure i liberi professionisti. Diventa quindi fondamentale essere ben preparati e aggiornati su questi nuovi sistemi. Se sei un novizio dei social (in gergo un *newbie*) ti consiglio di informarti bene prima di utilizzarli. I più esperti, infatti, mal sopportano le scorrettezze e i modi superficiali dei neofiti. Se impari un corretto utilizzo, potrai trarre grandi vantaggi per la tua attività.

Qui di seguito ti elenco alcuni consigli che potranno esserti utili. Tieni presente, visti i tempi, che questa lista è destinata a crescere velocemente.

- utilizza un profilo personale e uno professionale. Non mischiare mai le due cose;
- nel profilo professionale inserisci tutte le informazioni su di te e il curriculum aggiornato con i riferimenti dell'azienda per la quale lavori al momento;
- usa una foto professionale. Animali, cartoni animati, icone varie sono simpatici ma non sono adatti per un profilo business. Per le professioni creative e/o sportive (personal trainer ecc.) vanno bene anche le foto contestualizzate alla propria attività;
- se possibile indica nel tuo profilo da che tipo di persone/professionisti vuoi essere contattato;
- non navigare sul tuo profilo personale durante le ore di lavoro;
- non mandare inviti di compleanno, alla serata in discoteca, giochi ecc. e tutto ciò che non è strettamente inerente al tuo lavoro;
- non postare elementi che riguardano solo te e/o la tua azienda. Cerca di non essere "monotematico" ma cosmopolita e aperto;

- non inviare richieste di amicizia solo ed esclusivamente per vendere i tuoi prodotti. Cerca prima di stabilire una relazione professionale e umana;
- controlla con attenzione i post prima di pubblicarli per evitare errori grammaticali o di battitura. Ti consiglio di scrivere il messaggio su Word (o altri programmi di testo) e poi fare il copia-incolla sulla bacheca;
- sii sempre gentile, educato e autentico.

SEGRETO n. 23: se non impari la Business Internetiquette, oggi la tua professionalità è a rischio. In un mondo che cambia, le buone maniere viaggeranno sempre più online.

Galateo multiculturale

Con la globalizzazione, l'apertura delle frontiere, l'incremento dei trasporti e lo sviluppo delle tecnologie, le occasioni di relazione con persone e aziende di altri paesi diventano sempre più numerose. Il mondo economico si sta rapidamente trasformando ed è in atto un grande cambiamento. Oggi chi lavora in azienda deve saper intrattenere e sviluppare efficaci relazioni con persone straniere o paesi esteri. Conoscere i codici comportamentali delle altre culture può determinare la buona riuscita di una collaborazione o di una transazione con l'estero. Come ti comporti in questo caso? Conosci le differenze culturali? Come te la cavi con le lingue? La Business Etiquette è in grado di insegnarci nuovi metodi creativi per superare le barriere linguistiche e culturali e tirare fuori il meglio di ognuno di noi nonostante le differenze oggettive.

Per fare una buona impressione, per esempio, su un potenziale partner commerciale estero bisogna conoscere il Galateo del Business del suo paese d'origine. Una fonte molto interessante e utile che ti consiglio per approfondire questo stimolante tema è il libro *Multicultural Manners: New Rules of Etiquette for a Changing Society* scritto da Norine Dresser. Purtroppo è solo in lingua inglese (lo trovi su Amazon) perché in Italia ci sono pochissime pubblicazioni su questo particolare argomento che meritano di essere acquistate. In attesa che tu approfondisca la materia in base alle tue esigenze, ti offro qualche utile consiglio di base per aiutarti a creare uno stile personale di negoziazione e interazione con l'estero:

- innanzitutto rispetta la cultura e la religione;

- informati e documentati bene sugli usi e costumi dei paesi coinvolti nel tuo business. E se hai costruito un buon livello di confidenza, puoi parlarne direttamente anche con il tuo partner straniero;
- controlla la gestualità. Per farti un esempio il segno "OK" (che di solito si fa con la mano) in America va bene ma in Francia, Belgio e Tunisia significa "zero" o "privo di valore";
- se sei un soggetto molto espansivo fai attenzione ai tuoi movimenti! Abbracci e baci in alcuni paesi non sono tollerati. I cinesi per esempio non amano essere toccati, al limite accettano una piccola pacca sulla spalla;
- anche per le azioni più comuni, come per esempio lo scambio dei biglietti da visita, occorre documentarsi bene. Nei paesi asiatici, per esempio, il biglietto da visita va "offerto" con entrambe le mani (con il cartoncino a faccia in su) seguito da un leggero inchino. I cinesi danno molta importanza e attenzione allo scambio dei biglietti da visita: quando te lo consegnano, cerca di osservarlo con attenzione prima di riporlo. I businessman americani invece sono molto più sbrigativi e li mettono subito in tasca;
- mentre per noi il sorriso può rappresentare un aiuto e ci

permette di apparire in maniera più positiva, in alcuni paesi stranieri le cose cambiano. In Giappone, per esempio, in occasioni di eventi istituzionali o formali è meglio non sorridere. Attenzione a sfoderare un sorriso alle persone sconosciute, mentre si cammina sulle strade francesi: è ritenuto un gesto maleducato.

SEGRETO n. 24: il mondo diventa sempre più piccolo. Con il Galateo multiculturale puoi crearti un *global team* di successo basato sul rispetto e sulla condivisione di alti valori etici. Nel lavoro sarà sempre più importante star bene con gli altri.

Networking Etiquette

Il networking è una delle ultime frontiere del business. Significa costruire e mantenere relazioni. A mio parere rappresenta la parola chiave del Galateo della nuova era del business. Oggi le grandi aziende, come le multinazionali, si basano su efficientissimi network internazionali. Non a caso i top manager di queste aziende danno grande importanza alla Business Etiquette, perché rappresenta la base formativa di uno staff vincente. Un network è costituito, infatti, da persone e saper costruire relazioni efficaci diventa un vantaggio competitivo. Se osserviamo un attimo ciò che ci circonda scopriamo che è tutto riconducibile alla parola network: il governo, la religione, i sindacati, il sistema sanitario ecc. Tutte queste realtà sono basate su una rete più o meno grande di persone. Anche un bar nel suo piccolo conta su una rete di relazioni (clienti, fornitori ecc.). Per questo ti esorto a riflettere sul fatto che se migliori le tue capacità di relazione puoi ottenere grandi risultati in qualsiasi settore operi.

E tu hai un tuo network? Sai come svilupparlo? Una delle realtà imprenditoriali che sta prendendo sempre più piede anche qui in Italia è il network marketing. Nonostante la crisi, è un sistema di distribuzione che genera fatturati stratosferici. Prevede la diffusione di prodotti o servizi attraverso il passaparola. Anche colossi come Amazon e Apple hanno avviato programmi di fidelizzazione e promozione dei loro prodotti e servizi utilizzando l'entusiasmo dei propri consumatori. Per chi partecipa ci sono riconoscimenti in premi o in denaro. In pratica si suggerisce l'acquisto di un prodotto e si è pagati per farlo. Per i più bravi c'è la possibilità di costruire vere e proprie reti di consumatori. Trovo questo tipo di sistema assolutamente interessante e attuale e lo consiglio a tutte le persone che desiderano avviare un secondo lavoro oppure che vogliono iniziare un'attività imprenditoriale a costi bassissimi. In più si sviluppano competenze importanti come il *team building*, il *coaching* e la *leadership*. Per chi vuol far palestra con la Networking Etiquette, il network marketing è la soluzione vincente!

Il Galateo del Business è fondamentale per il networking perché ci aiuta a costruire relazioni di successo. Per te i miei consigli:

- impara al meglio l'arte del conversare;
- ascolta molto e parla poco. Dio ci ha fatto due orecchie e una bocca;
- diventa un punto di riferimento per gli altri grazie a principi di onestà e integrità;
- lavora sodo e pretendi che gli altri facciano lo stesso;
- impara tutti i segreti sulla prima impressione (descritti nel Capitolo 1) per avere un grande impatto sugli altri sin da subito;
- studia il bon ton multiculturale e il Galateo estero per creare un *global team* di successo;
- gratifica i tuoi collaboratori con parole, azioni e premi;

- abbi rispetto del tuo tempo e di quello altrui. Sposati con l'agenda e frequentala il più possibile;
- lascia il tuo biglietto da visita ad ogni persona nuova che incontri.

SEGRETO n. 25: per avere successo oggi devi saper costruire grandi network facendo leva sulle tue capacità relazionali, il tuo stile e la tua integrità.

RIEPILOGO DEL CAPITOLO 5:

- SEGRETO n. 22: Il Galateo del Business della nuova era ti aiuterà ad avere relazioni di successo nel mondo del lavoro, sia offline che online.
- SEGRETO n. 23: Se non impari la Business Internetiquette, la tua professionalità è a rischio. In un mondo che cambia, le buone maniere viaggeranno sempre più online.
- SEGRETO n. 24: Il mondo diventa sempre più piccolo. Con il Galateo multiculturale puoi crearti un *global team* di successo basato sul rispetto e sulla condivisione di alti valori etici. Nel lavoro sarà sempre più importante star bene con gli altri.
- SEGRETO n. 25: Per avere successo oggi devi saper costruire grandi network facendo leva sulle tue capacità relazionali, il tuo stile e la tua integrità.

Conclusione

Un diamante è per sempre.

(De Beers)

Siamo giunti al termine del corso sul Galateo del Business. Spero che l'argomento trattato sia servito soprattutto come spunto per futuri approfondimenti. La materia è davvero molto vasta e in continua evoluzione. Il tuo diamante grezzo è stato un po' levigato e ora tocca a te farlo splendere.

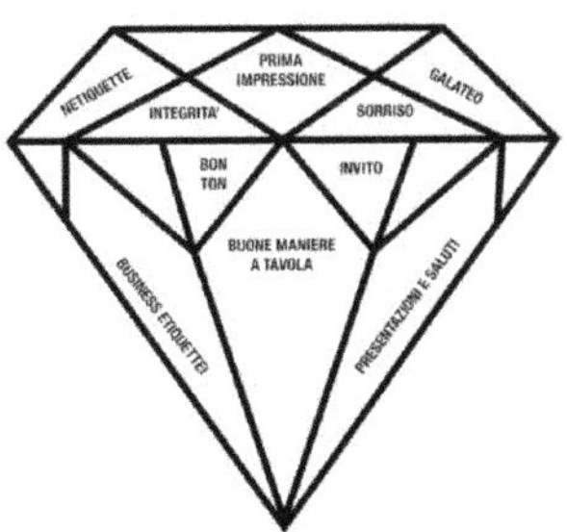

Con una raccomandazione! Ti ho messo a disposizione alcune regole ma per cortesia non prenderle troppo seriamente! Sono piccoli spunti ai quali devi unire competenza, professionalità, educazione e una buona dose di ironia. Per socializzare l'etichetta non basta: occorre una partecipazione consapevole, capire gli altri e la giusta dose di empatia. Se vuoi aver successo negli affari, devi lavorare sodo anche su te stesso e migliorarti sempre. Numerosi studi universitari hanno evidenziato le caratteristiche dei *business leader*, ossia persone vincenti che ottengono sempre ciò che desiderano nelle loro attività.

Queste persone, secondo le ricerche, sono serene e molto equilibrate in ogni settore della vita: mentale, emozionale, economico e spirituale. Hanno una mentalità molto aperta, sono curiose e appassionate di ciò che fanno. Hanno larghe vedute, non si pongono limiti di spazio o di tempo. Inseguono sempre nuovi obiettivi e con costanza vanno avanti fino a raggiungerli. Lavorano sodo, agiscono e pensano con la massima integrità. Sono educate, rispettano il prossimo, sono generose.

Sono persone proprio come te…

Cerca di dare il meglio di te stesso e onora ogni ora che passi al lavoro. Sii brillante, anzi sii diamante! Un diamante, si sa, è per sempre...E ora che conosci il Galateo del Business, la tua bussola fidata, puoi affrontare e superare al meglio ogni sfida professionale. Se hai bisogno di qualche approfondimento e consiglio in più puoi scrivermi al seguente indirizzo: artanidis@gmail.com.

Buona fortuna!

Simona Artanidi

www.ingramcontent.com/pod-product-compliance
Ingram Content Group UK Ltd.
Pitfield, Milton Keynes, MK11 3LW, UK
UKHW022017190726
13853UKWH00005B/1982

9 788861 746138